大方廣佛華嚴經 讀誦

17

🪷 일러두기

1. 『독송본 한문·한글역 대방광불화엄경』은 실차난타가 한역(695~699)한 80권 『대방광불화엄경』의 한문 원문과 한글역을 함께 수록한 것이다. 한문에는 음사와 현토를 부기하였다.

2. 원문의 저본은 고종 2년(1865) 월정사에서 인경한 고려대장경 『대방광불화엄경』에 한암 스님이 현토(1949년)한 것을 범룡 스님이 영인 출판(1990년)한 『대방광불화엄경』이다.

3. 한문은 저본에서 누락되었거나 글자가 다르다고 판단된 부분은 저본인 고려대장경 각권의 말미에 교감되어 있는 내용을 중심으로 하고 봉은사판 『대방광불화엄경수소연의초』와 신수대장경 각주에서 밝힌 교감본을 참조하여 보입하고 수정하였다.

4. 한글 번역은 동국역경원에서 발간한 한글 『대방광불화엄경』(운허)을 중심으로 하고 『신화엄경합론』(탄허)과 『대방광불화엄경 강설』(여천무비) 그리고 최근의 여타 번역본 등을 참조하였다.

5. 저본의 원문에서 이체자의 경우 흔글이 제공하는 이체자는 그대로 살리고 흔글이 제공하지 않는 글자는 통용되는 정자로 바꾸었다. 예) 間 → 閒 / 焰 → 燄 / 宫 → 宮 / 偁 → 稱

6. 한글 번역은 독송과 사경을 위하여 정확성과 아울러 가독성을 고려하였다. 극존칭은 부처님과 불경계에 대해서만 사용하였다.

7. 독송본의 차례는 일러두기 → 본문 → 화엄경 목차 → 간행사의 순차이다.
   (법공양판에는 간행사 다음에 간행불사 동참자를 밝혀 두었다.)

8. 독송본의 한글역은 사경의 편의를 도모하기 위해 그 편집을 달리하여 『사경본 한글역 대방광불화엄경』으로 함께 간행한다. 독송본과 사경본 모두 80권 『대방광불화엄경』의 권별 목차 순으로 간행한다.

독송본 한문 · 한글역

대방광불화엄경 제17권

大方廣佛華嚴經 卷第十七

16. 범행품

梵行品 第十六

17. 초발심공덕품

初發心功德品 第十七

실차난타 한역
수미해주 한글역

17

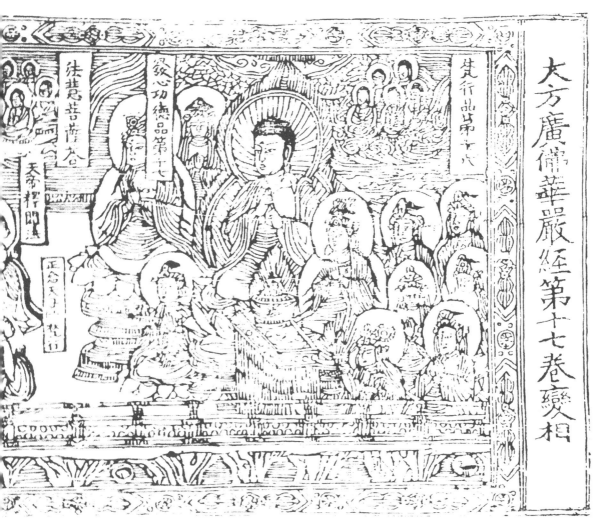

대방광불화엄경 제17권 변상도

대방광불화엄경
제17권

16. 범행품

대방광불화엄경 권제십칠
大方廣佛華嚴經 卷第十七

범행품 제십육
梵行品 第十六

이시　정념천자　백법혜보살언
爾時에 **正念天子**가 **白法慧菩薩言**하니라

불자　일체세계제보살중　의여래교　　염
佛子야 **一切世界諸菩薩衆**이 **依如來敎**하야 **染**

의출가　　운하이득범행청정　　종보살위
衣出家인댄 **云何而得梵行淸淨**하야 **從菩薩位**로

대방광불화엄경 제17권

16. 범행품

이때에 정념 천자가 법혜 보살에게 말씀드렸다.

"불자여, 일체 세계의 모든 보살들이 여래의 가르침을 의지하여 물든 옷을 입고 출가하였으면, 어떻게 범행이 청정함을 얻어서 보살의 지

체 어 무 상 보 리 지 도
逮於無上菩提之道이닛고

법 혜 보 살　언
法慧菩薩이 言하시니라

불자　보살마하살　수범행시　응이십법
佛子야 菩薩摩訶薩이 修梵行時에 應以十法으로

이위소연　작의관찰　소위신　신업　어
而爲所緣하야 作意觀察이니 所謂身과 身業과 語와

어업　의　의업　불　법　승　계　응여
語業과 意와 意業과 佛과 法과 僧과 戒니라 應如

시관　위신시범행야　내지계시범행야
是觀호대 爲身是梵行耶아 乃至戒是梵行耶아

위로부터 위없는 보리의 도에 이르겠습니까?"

법혜 보살이 말씀하였다.

"불자여, 보살마하살이 범행을 닦을 때에 마땅히 열 가지 법으로 반연을 삼아서 뜻을 내어 관찰하여야 한다. 이른바 몸과 몸의 업과 말과 말의 업과 뜻과 뜻의 업과 부처님과 법과 스님과 계이다. 마땅히 이와 같이 관찰하기를, '몸이 범행인가 내지 계가 범행인가?' 할 것이다.

약신　시범행자　　당지범행　즉위비선
若身이 是梵行者인댄 當知梵行이 則爲非善이며

즉위비법　　즉위혼탁　　즉위취악　　즉위
則爲非法이며 則爲渾濁이며 則爲臭惡이며 則爲

부정　　즉위가염　　즉위위역　　즉위잡
不淨이며 則爲可厭이며 則爲違逆이며 則爲雜

염　　즉위사시　즉위충취
染이며 則爲死屍며 則爲蟲聚니라

약신업　　시범행자　　범행　즉시행주좌
若身業이 是梵行者인댄 梵行이 則是行住坐

와　좌우고시　굴신부앙
臥며 左右顧視며 屈申俯仰이니라

약어　시범행자　범행　즉시음성풍식
若語가 是梵行者인댄 梵行이 則是音聲風息이며

훈설후문　　토납억종　　고저청탁
脣舌喉吻이며 吐納抑縱이며 高低淸濁이니라

만약 몸이 범행이라면, 마땅히 알아야 한다,
범행은 곧 선하지 않은 것이며, 법답지 않은
것이며, 혼탁한 것이며, 악취 나는 것이며, 부
정한 것이며, 싫은 것이며, 어기는 것이며, 잡
되고 물든 것이며, 송장이며, 벌레 무더기이
다.

만약 몸의 업이 범행이라면, 범행은 곧 가는
것과, 머무르는 것과, 앉는 것과, 눕는 것과,
왼쪽으로 돌아보는 것과, 오른쪽으로 돌아보
는 것과, 구부리는 것과, 펴는 것과, 숙이는 것
과, 우러르는 것이다.

만약 말이 범행이라면, 범행은 곧 음성과 숨

약어업　시범행자　　범행　즉시기거문
若語業이 是梵行者인댄 梵行이 則是起居問

신　　약설광설　유설직설　찬설훼설
訊이며 略說廣說이며 諭說直說이며 讚說毀說이며

안립설수속설현료설
安立說隨俗說顯了說이니라

약의　시범행자　　범행　즉응시각　　시
若意가 是梵行者인댄 梵行이 則應是覺이며 是

관　시분별　시종종분별　시억념
觀이며 是分別이며 是種種分別이며 是憶念이며

시종종억념　시사유　시종종사유　시환
是種種憶念이며 是思惟며 是種種思惟며 是幻

술　시면몽
術이며 是眠夢이니라

약의업　시범행자　당지범행　즉시사상
若意業이 是梵行者인댄 當知梵行이 則是思想

과 가슴과 혀와 목구멍과 입술과 뱉고 삼킴과

막고 놓음과 높고 낮음과 맑고 탁함이다.

만약 말의 업이 범행이라면, 범행은 곧 기거

하는 안부를 묻고, 간략하게 말하고, 널리 말

하고, 비유로 말하고, 직설하고, 칭찬하고, 헐

뜯고, 방편으로 말하고, 세속을 따라 말하고,

분명하게 말하는 것이다.

만약 뜻이 범행이라면, 범행은 곧 지각이며,

관찰이며, 분별이며, 갖가지 분별이며, 기억이

며, 갖가지 기억이며, 사유이며, 갖가지 사유

이며, 환술이며, 꿈이다.

만약 뜻의 업이 범행이라면, 마땅히 알아야

한열기갈고락우희
寒熱飢渴苦樂憂喜니라

약불   시범행자   위색시불야   수시불
若佛이 是梵行者인댄 爲色是佛耶아 受是佛

야   상시불야   행시불야   식시불야   위상
耶아 想是佛耶아 行是佛耶아 識是佛耶아 爲相

시불야   호시불야   신통   시불야   업행
是佛耶아 好是佛耶아 神通이 是佛耶아 業行이

시불야   과보   시불야
是佛耶아 果報가 是佛耶아

약법   시범행자   위적멸   시법야   열
若法이 是梵行者인댄 爲寂滅이 是法耶아 涅

반   시법야   불생   시법야   불기   시법
槃이 是法耶아 不生이 是法耶아 不起가 是法

야   불가설   시법야   무분별   시법야   무
耶아 不可說이 是法耶아 無分別이 是法耶아 無

한다, 범행은 곧 사색과 생각과 추위와 더위와 주림과 목마름과 괴로움과 즐거움과 근심과 기쁨이다.

만약 부처님이 범행이라면, 색온이 부처님인가, 수온이 부처님인가, 상온이 부처님인가, 행온이 부처님인가, 식온이 부처님인가, 상이 부처님인가, 수호가 부처님인가, 신통이 부처님인가, 업행이 부처님인가, 과보가 부처님인가?

만약 법이 범행이라면, 적멸이 법인가, 열반이 법인가, 생기지 않음이 법인가, 일어나지 않음이 법인가, 말할 수 없음이 법인가, 분별 없

소행　시법야　불합집　시법야　불수순
所行이 是法耶아 不合集이 是法耶아 不隨順이

시법야　무소득　시법야
是法耶아 無所得이 是法耶아

약승　시범행자　위예류향　시승야　예
若僧이 是梵行者인댄 爲預流向이 是僧耶아 預

류과　시승야　일래향　시승야　일래과
流果가 是僧耶아 一來向이 是僧耶아 一來果가

시승야　불환향　시승야　불환과　시승
是僧耶아 不還向이 是僧耶아 不還果가 是僧

야　아라한향　시승야　아라한과　시승
耶아 阿羅漢向이 是僧耶아 阿羅漢果가 是僧

야　삼명　시승야　육통　시승야
耶아 三明이 是僧耶아 六通이 是僧耶아

약계　시범행자　위단장　시계야　문청
若戒가 是梵行者인댄 爲壇場이 是戒耶아 問清

음이 법인가, 행할 바 없음이 법인가, 모이지 않음이 법인가, 수순하지 않음이 법인가, 얻을 바 없음이 법인가?

만약 스님이 범행이라면, 예류향이 스님인가, 예류과가 스님인가, 일래향이 스님인가, 일래과가 스님인가, 불환향이 스님인가, 불환과가 스님인가, 아라한향이 스님인가, 아라한과가 스님인가, 삼명이 스님인가, 육통이 스님인가?

만약 계가 범행이라면, 계단이 계인가, 청정을 물음이 계인가, 위의를 가르침이 계인가, 갈마를 세 번 말함이 계인가, 화상이 계인가,

정　　　　시계야　　　교위의　　　시계야　　　삼설갈마
淨이 是戒耶아 敎威儀가 是戒耶아 三說羯磨가

시계야　　　화상　　　시계야　　　아사리　　　시계야
是戒耶아 和尙이 是戒耶아 阿闍梨가 是戒耶아

체발　　　시계야　　　착가사의　　　시계야　　　걸식
鬚髮이 是戒耶아 著袈裟衣가 是戒耶아 乞食이

시계야　　　정명　　　시계야
是戒耶아 正命이 是戒耶아

여시관이　　　어신　　　무소취　　　어수　　　무소착
如是觀已에 於身에 無所取며 於修에 無所著이며

어법　　　무소주　　　과거이멸　　　미래미지　　　현
於法에 無所住며 過去已滅이며 未來未至며 現

재공적　　　무작업자　　　무수보자　　　차세불이
在空寂이며 無作業者며 無受報者며 此世不移

아사리가 계인가, 삭발이 계인가, 가사를 입는 것이 계인가, 걸식이 계인가, 정명이 계인가?

이와 같이 관찰하면, 몸에 취할 것이 없고, 닦음에 집착할 것이 없고, 법에 머무를 것이 없으며, 과거는 이미 멸하였고, 미래는 아직 이르지 않았고, 현재는 공적하며, 업을 짓는 이도 없고, 과보를 받을 이도 없으며, 이 세상은 이동하지 않고, 저 세상은 바뀌지 않는다.

이 가운데 어느 법이 이름이 범행인가? 범행

동   피세불개변
動이며 彼世不改變이니라

차중하법   명위범행   범행   종하처래   수
此中何法이 名爲梵行고 梵行이 從何處來며 誰

지소유   체위시수   유수이작   위시유   위
之所有며 體爲是誰며 由誰而作고 爲是有아 爲

시무   위시색   위비색   위시수   위비수
是無아 爲是色가 爲非色가 爲是受아 爲非受아

위시상   위비상   위시행   위비행   위시
爲是想가 爲非想가 爲是行가 爲非行가 爲是

식   위비식
識가 爲非識가

여시관찰   범행법   불가득고   삼세법   개
如是觀察에 梵行法을 不可得故며 三世法이 皆

공적고   의무취착고   심무장애고   소행무
空寂故며 意無取著故며 心無障礙故며 所行無

은 어디서 왔으며, 누구의 소유이며, 체성은 무엇이며, 누구로 말미암아 지었는가? 있는 것인가, 없는 것인가? 색인가, 색이 아닌가? 수인가, 수가 아닌가? 상인가, 상이 아닌가? 행인가, 행이 아닌가? 식인가, 식이 아닌가?

이와 같이 관찰하면, 범행의 법은 얻을 수 없는 까닭이며, 삼세의 법이 다 공적한 까닭이며, 뜻이 집착이 없는 까닭이며, 마음이 장애가 없는 까닭이며, 행할 것이 둘이 없는 까닭이며, 방편이 자재한 까닭이며, 모양 없는 법을 받아들이는 까닭이며, 모양 없는 법을 관찰하는 까닭이며, 부처님 법이 평등함을 아는

이고　방편자재고　수무상법고　관무상법
二故며 方便自在故며 受無相法故며 觀無相法

고　지불법평등고　구일체불법고　여시
故며 知佛法平等故며 具一切佛法故니 如是가

명위청정범행
名爲淸淨梵行이니라

부응수습십종법
復應修習十種法이니라

하자　위십
何者가 爲十고

소위처비처지　과현미래업보지　제선해
所謂處非處智와 過現未來業報智와 諸禪解

탈삼매지　제근승열지　종종해지　종종
脫三昧智와 諸根勝劣智와 種種解智와 種種

까닭이며, 일체 부처님 법을 갖춘 까닭으로, 이와 같은 것이 이름이 청정한 범행이다.

다시 마땅히 열 가지 법을 닦아야 한다. 무엇이 열인가?

이른바 옳은 도리와 그른 도리를 아는 지혜와, 과거 현재 미래 세상의 업과 과보를 아는 지혜와, 모든 선정과 해탈과 삼매를 아는 지혜와, 모든 근의 수승하고 하열함을 아는 지혜와, 갖가지 이해를 아는 지혜와, 갖가지 경계를 아는 지혜와, 일체의 곳에 이르는 길을 아는 지혜와, 천안통의 걸림 없는 지혜와, 숙명

계지　　일체지처도지　　천안무애지　　숙명무
界智와 一切至處道智와 天眼無礙智와 宿命無

애지　　영단습기지
礙智와 永斷習氣智니라

어여래십력　　일일관찰　　일일력중　　유무
於如來十力에 一一觀察하면 一一力中에 有無

량의　　실응자문
量義니 悉應諮問이니라

문이　　응기대자비심　　관찰중생　　이불
聞已에 應起大慈悲心하야 觀察衆生하야 而不

사리　　사유제법　　무유휴식　　행무상
捨離하며 思惟諸法하야 無有休息하며 行無上

업　　불구과보　　요지경계　　여환여몽
業하야 不求果報하고 了知境界가 如幻如夢하며

여영여향　　역여변화
如影如響하며 亦如變化니라

통의 걸림 없는 지혜와, 습기를 영원히 끊는 지혜이다.

여래의 십력을 낱낱이 관찰하면, 낱낱 힘에 한량없는 뜻이 있으니 모두 마땅히 물어야 한다.

듣고 나서는 마땅히 큰 자비심을 일으켜서 중생을 관찰하여 버리고 여의지 아니하며, 모든 법을 사유하여 쉼이 없으며, 위없는 업을 행하고 과보를 구하지 아니하며, 경계가 환과 같고 꿈과 같고 그림자 같고 메아리 같고 또한 변화와 같음을 분명히 알아야 한다.

약제보살　　능여여시관행상응　　어제법
若諸菩薩이 能與如是觀行相應하야 於諸法

중　　불생이해　　일체불법　　질득현전
中에 不生二解하면 一切佛法이 疾得現前하야

초발심시　　즉득아뇩다라삼먁삼보리　　지
初發心時에 卽得阿耨多羅三藐三菩提라 知

일체법　　즉심자성　　성취혜신　　불유타
一切法이 卽心自性하야 成就慧身호대 不由他

오
悟하리라

만약 모든 보살들이 능히 이와 같은 관행과 더불어 서로 응하여 모든 법에 두 가지 이해를 내지 아니하면, 일체 부처님 법이 빨리 앞에 나타나서 처음 발심할 때에 곧 아뇩다라삼먁삼보리를 얻을 것이다. 일체 법이 곧 마음의 자성임을 알아, 지혜의 몸을 성취하되 다른 이로 말미암아 깨닫지 아니할 것이다.

대방광불화엄경
제17권

17. 초발심공덕품

대방광불화엄경 권제십칠
大方廣佛華嚴經 卷第十七

초발심공덕품 제십칠
初發心功德品 第十七

이시　천제석　백법혜보살언
爾時에 天帝釋이 白法慧菩薩言하시니라

불자　보살의　초발보리지심　소득공덕
佛子야 菩薩의 初發菩提之心하야 所得功德은

기량　기하
其量이 幾何니잇고

대방광불화엄경 제17권

17. 초발심공덕품

그때에 제석천왕이 법혜 보살에게 말씀드렸다.

"불자여, 보살이 처음 보리의 마음을 내어 얻은 공덕은 그 양이 얼마입니까?"

법혜보살 언
法慧菩薩이 言하시니라

차의심심   난설   난지   난분별   난신
此義甚深하야 難說이며 難知며 難分別이며 難信

해   난증   난행   난통달   난사유   난
解며 難證이며 難行이며 難通達이며 難思惟며 難

탁량   난취입   수연   아당승불위신
度量이며 難趣入이어니와 雖然이나 我當承佛威神

지력   이위여설
之力하야 而爲汝說호리라

불자   가사유인   이일체락구   공양동방아
佛子야 假使有人이 以一切樂具로 供養東方阿

법혜 보살이 말씀하였다.

"이 뜻은 매우 깊어서 말하기 어렵고, 알기 어렵고, 분별하기 어렵고, 믿고 이해하기 어렵고, 증득하기 어렵고, 행하기 어렵고, 통달하기 어렵고, 사유하기 어렵고, 헤아리기 어렵고, 들어가기 어렵다. 비록 그러나 내가 마땅히 부처님의 위신력을 받들어 그대를 위하여 설하리라.

불자여, 가령 어떤 사람이 일체 즐길거리로

승지세계소유중생　　경어일겁　　연후　　교
僧祇世界所有衆生호대 經於一劫하고 然後에 敎

령정지오계　　남서북방　　사유상하　　역부
令淨持五戒하며 南西北方과 四維上下도 亦復

여시　　　불자　어여의운하　차인공덕　　영
如是하면 佛子야 於汝意云何오 此人功德이 寧

위다부
爲多不아

천제　　언
天帝가 言하시니라

불자　차인공덕　유불능지　기여일체　　무
佛子야 此人功德은 唯佛能知요 其餘一切는 無

능량자
能量者니이다

법혜보살　　언
法慧菩薩이 言하시니라

써 동방의 아승지 세계에 있는 중생들에게 공양하기를 한 겁을 지내고 그런 뒤에 가르쳐서 오계를 청정하게 지니게 하며, 남방과 서방과 북방과 네 간방과 상방과 하방도 또한 다시 이와 같이 하였다면, 불자여, 그대의 생각에는 어떠한가? 이 사람의 공덕이 얼마나 많은가?"

제석천왕이 말씀하였다.

"불자여, 이 사람의 공덕은 오직 부처님만 능히 아시고, 그 나머지 일체는 헤아릴 수 없습니다."

법혜 보살이 말씀하였다.

불자　차인공덕　　비보살초발심공덕　　　백
佛子야 此人功德을 比菩薩初發心功德컨댄 百

분　불급일　　천분　불급일　　백천분　불
分에 不及一이며 千分에 不及一이며 百千分에 不

급일　　여시억분　　백억분　　천억분　　백
及一이며 如是億分과 百億分과 千億分과 百

천억분　나유타억분　백나유타억분　　천나
千億分과 那由他億分과 百那由他億分과 千那

유타억분　백천나유타억분　수분　가라분
由他億分과 百千那由他億分과 數分과 歌羅分과

산분　유분　우파니사타분　역불급일
筭分과 諭分과 優波尼沙陀分에 亦不及一이니라

불자　차치차유　　가사유인　이일체락구
佛子야 且置此諭하고 假使有人이 以一切樂具로

"불자여, 이 사람의 공덕을 보살이 처음 발심한 공덕에 비교하면, 백분의 일에도 미치지 못하고, 천분의 일에도 미치지 못하고, 백천분의 일에도 미치지 못하며, 이와 같이 억분과 백억분과 천억분과 백천억분과 나유타억분과 백나유타억분과 천 나유타억분과 백천 나유타억분과 수분과 가라분과 산분과 유분과 우파니사타분의 일에도 미치지 못한다.

불자여, 이 비유는 그만두고, 가령 어떤 사람이 일체 즐길거리로써 시방의 열 아승지 세계에 있는 중생들에게 공양하기를 백겁을 지

공양시방십아승지세계소유중생　　　경어백
供養十方十阿僧祇世界所有衆生호대　經於百

겁　　연후　　교령수십선도　　　여시공양　　경
劫하고 然後에 敎令修十善道하며 如是供養을 經

어천겁　　교주사선　　경어백천겁　　　교주
於千劫하고 敎住四禪하며 經於百千劫하고 敎住

사무량심　　경어억겁　　교주사무색정
四無量心하며 經於億劫하고 敎住四無色定하며

경어백억겁　　교주수다원과　　　경어천억
經於百億劫하고 敎住須陀洹果하며 經於千億

겁　　교주사다함과　　경어백천억겁　　　교
劫하고 敎住斯陀含果하며 經於百千億劫하고 敎

주아나함과　　경어나유타억겁　　　교주아
住阿那含果하며 經於那由他億劫하고 敎住阿

라한과　　경어백천나유타억겁　　　교주벽지
羅漢果하며 經於百千那由他億劫하고 敎住辟支

내고 그런 뒤에 가르쳐서 십선도를 닦게 하며, 이와 같이 공양하기를 천겁을 지내고 가르쳐서 사선에 머무르며, 백천겁을 지내고 가르쳐서 사무량심에 머무르며, 억겁을 지내고 가르쳐서 사무색정에 머무르며, 백억겁을 지내고 가르쳐서 수다원과에 머무르며, 천억겁을 지내고 가르쳐서 사다함과에 머무르며, 백천억겁을 지내고 가르쳐서 아나함과에 머무르며, 나유타억겁을 지내고 가르쳐서 아라한과에 머무르며, 백천 나유타억겁을 지내고 가르쳐서 벽지불도에 머무르게 하였다면, 불자여, 그대의 생각에는 어떠한가? 이 사람의 공덕이 얼마나

불도   불자   어의운하   시인공덕   영위
佛道하면 佛子야 於意云何오 是人功德이 寧爲

다부
多不아

천제   언
天帝가 言하시니라

불자   차인공덕   유불능지
佛子야 此人功德은 唯佛能知니이다

법혜보살   언
法慧菩薩이 言하시니라

불자   차인공덕   비보살초발심공덕   백
佛子야 此人功德을 比菩薩初發心功德컨댄 百

분   불급일   천분   불급일   백천분 불
分에 不及一이며 千分에 不及一이며 百千分에 不

급일   내지우파니사타분   역불급일
及一이며 乃至優波尼沙陀分에 亦不及一이니라

많은가?"

제석천왕이 말씀하였다.

"불자여, 이 사람의 공덕은 오직 부처님만 능히 아십니다."

법혜 보살이 말씀하였다.

"불자여, 이 사람의 공덕을 보살이 처음 발심한 공덕에 비교하면, 백분의 일에도 미치지 못하고, 천분의 일에도 미치지 못하고, 백천분의 일에도 미치지 못하며, 내지 우파니사타분의 일에도 또한 미치지 못한다.

하 이 고
何以故오

불자   일체제불   초발심시   부단위이일체
佛子야 一切諸佛이 初發心時에 不但爲以一切

락구   공양시방십아승지세계소유중생   경
樂具로 供養十方十阿僧祇世界所有衆生을 經

어백겁   내지백천나유타억겁고   발보리심
於百劫과 乃至百千那由他億劫故로 發菩提心이요

부단위교이소중생   영수오계십선업도
不但爲敎爾所衆生하야 令修五戒十善業道하며

교주사선사무량심사무색정   교득수다원
敎住四禪四無量心四無色定하며 敎得須陀洹

과   사다함과   아나함과   아라한과   벽지
果와 斯陀含果와 阿那含果와 阿羅漢果와 辟支

불도고   발보리심
佛道故로 發菩提心이라

무슨 까닭인가?

불자여, 일체 모든 부처님께서 처음 발심하실 때에 다만 일체 즐길거리로써 시방의 열 아승지 세계에 있는 중생들에게 공양하기를, 백겁 내지 백천 나유타억겁을 지내기 위하여 보리심을 내신 것이 아니다.

다만 그곳 중생들을 가르쳐서 오계와 십선업도를 닦게 하며, 가르쳐서 사선과 사무량심과 사무색정에 머무르게 하며, 가르쳐서 수다원과와 사다함과와 아나함과와 아라한과와 벽지불도를 얻게 하기 위하여 보리심을 내신 것이 아니다.

위령여래종성부단고　위충변일체세계고
爲令如來種性不斷故며 **爲充徧一切世界故**며

위도탈일체세계중생고
爲度脫一切世界衆生故니라

위실지일체세계성괴고　위실지일체세계
爲悉知一切世界成壞故며 **爲悉知一切世界**

중중생구정고　위실지일체세계자성청정
中衆生垢淨故며 **爲悉知一切世界自性淸淨**

고
故니라

위실지일체중생　심락번뇌습기고　위실
爲悉知一切衆生의 **心樂煩惱習氣故**며 **爲悉**

지일체중생　사차생피고　위실지일체중
知一切衆生의 **死此生彼故**며 **爲悉知一切衆**

생　제근방편고
生의 **諸根方便故**니라

여래의 종성이 끊어지지 않게 하시기 위한 까닭이며, 일체 세계에 두루 가득하게 하시기 위한 까닭이며, 일체 세계의 중생들을 제도하여 해탈케 하시기 위한 까닭이다.

일체 세계의 이루어지고 무너짐을 모두 아시기 위한 까닭이며, 일체 세계 가운데 중생들의 때묻고 깨끗함을 모두 아시기 위한 까닭이며, 일체 세계의 자성이 청정함을 모두 아시기 위한 까닭이다.

일체 중생의 마음의 욕락과 번뇌와 습기를 모두 아시기 위한 까닭이며, 일체 중생이 여기서 죽어 저기서 태어나는 것을 모두 아시기 위

위실지일체중생심행고　위실지일체중생
爲悉知一切衆生心行故며 爲悉知一切衆生

삼세지고　위실지일체불경계평등고　발
三世智故며 爲悉知一切佛境界平等故로 發

어무상보리지심
於無上菩提之心이니라

불자　부치차유　가사유인　어일념경
佛子야 復置此諭하고 假使有人이 於一念頃에

능과동방아승지세계　염념여시　진
能過東方阿僧祇世界호대 念念如是하야 盡

아승지겁　차제세계　무유능득지기변
阿僧祇劫하면 此諸世界를 無有能得知其邊

제
際니라

한 까닭이며, 일체 중생의 모든 근과 방편을 모두 아시기 위한 까닭이다.

일체 중생의 마음의 행을 모두 아시기 위한 까닭이며, 일체 중생의 삼세의 지혜를 모두 아시기 위한 까닭이며, 일체 부처님의 경계가 평등함을 모두 아시기 위한 까닭으로, 위없는 보리의 마음을 내신 것이다.

불자여, 다시 이 비유는 그만두고, 가령 어떤 사람이 한 생각 사이에 동방으로 아승지 세계를 능히 지나가고, 생각생각 이와 같이 하여 아승지겁을 다하였다면, 이 모든 세계는 그

우제이인　　어일념경　　능과전인아승지겁
又第二人이 於一念頃에 能過前人阿僧祇劫

소과세계　　여시역진아승지겁　차제전
所過世界호대 如是亦盡阿僧祇劫하고 次第展

전　　내지제십　　남서북방　사유상하　역
轉하야 乃至第十하며 南西北方과 四維上下도 亦

부여시
復如是니라

불자　차시방중　범유백인　일일여시과제
佛子야 此十方中에 凡有百人이 一一如是過諸

세계　시제세계　가지변제　　보살　초
世界라도 是諸世界는 可知邊際어니와 菩薩의 初

발아뇩다라삼먁삼보리심　소유선근　무
發阿耨多羅三藐三菩提心한 所有善根은 無

유능득지기제자
有能得知其際者니라

끝을 알 수 없다.

또 둘째 사람이 한 생각 사이에 앞의 사람이 아승지겁 동안 지나간 세계를 능히 지나가고, 이와 같이 하여 또 아승지겁을 다하며 차례로 점점 더하여 이에 열째 사람에게 이르렀고, 남방과 서방과 북방과 네 간방과 상방과 하방도 또한 다시 이와 같이 하였다.

불자여, 이 시방 가운데 모두 백 사람이 있어서 낱낱이 이와 같이 하여 모든 세계를 지나갔다면, 이 모든 세계는 끝을 알 수 있으나 보살이 처음 아뇩다라삼먁삼보리심을 내어서 얻은 선근은 그 끝을 알 수 없다.

하이고
何以故오

불자 보살 부제한 단위왕이소세계
佛子야 菩薩이 不齊限하야 但爲往爾所世界하야

득요지고 발보리심 위요지시방세계고
得了知故로 發菩提心이라 爲了知十方世界故로

발보리심
發菩提心이니라

소위욕요지묘세계 즉시추세계 추세계
所謂欲了知妙世界가 卽是麤世界요 麤世界가

즉시묘세계 앙세계 즉시복세계 복세
卽是妙世界와 仰世界가 卽是覆世界요 覆世

계 즉시앙세계 소세계 즉시대세계 대
界가 卽是仰世界와 小世界가 卽是大世界요 大

세계 즉시소세계 광세계 즉시협세계
世界가 卽是小世界와 廣世界가 卽是狹世界요

무슨 까닭인가?

불자여, 보살이 제한하여 다만 그러한 세계를 지나간 것만을 분명히 알기 위하여 보리심을 내는 것이 아니라, 시방세계를 분명히 알기 위한 까닭으로 보리심을 낸 것이다.

이른바 미묘한 세계가 곧 거친 세계이고 거친 세계가 곧 미묘한 세계이며, 젖혀진 세계가 곧 엎어진 세계이고, 엎어진 세계가 곧 젖혀진 세계이며, 작은 세계가 곧 큰 세계이고 큰 세계가 곧 작은 세계이며, 넓은 세계가 곧 좁은 세계이고 좁은 세계가 곧 넓은 세계이며, 한 세계가 곧 말할 수 없는 세계이고 말할 수 없

협세계 　즉시광세계 　일세계 　즉시불가설
狹世界가 即是廣世界와 一世界가 即是不可說

세계 　불가설세계 　즉시일세계 　불가설세
世界요 不可說世界가 即是一世界와 不可說世

계 　입일세계 　일세계 　입불가설세계 　예
界가 入一世界요 一世界가 入不可說世界와 穢

세계 　즉시정세계 　정세계 　즉시예세계
世界가 即是淨世界요 淨世界가 即是穢世界니라

욕지일모단중일체세계차별성 　일체세계
欲知一毛端中一切世界差別性과 一切世界

중일모단일체성 　욕지일세계중 　출생일
中一毛端一體性하며 欲知一世界中에 出生一

체세계 　욕지일체세계무체성 　욕이일
切世界하며 欲知一切世界無體性하며 欲以一

넘심 　진지일체광대세계 　이무장애고
念心으로 盡知一切廣大世界호대 而無障礙故로

24

는 세계가 곧 한 세계이며, 말할 수 없는 세계
가 한 세계에 들어가고 한 세계가 말할 수 없
는 세계에 들어가며, 더러운 세계가 곧 깨끗한
세계이고 깨끗한 세계가 곧 더러운 세계임을
분명히 알고자 한 것이다.

한 터럭 끝 가운데 일체 세계의 차별한 성품
과 일체 세계 가운데 한 터럭 끝의 한 체성을
알고자 하며, 한 세계 가운데서 일체 세계를
출생하는 것을 알고자 하며, 일체 세계가 체
성이 없음을 알고자 하며, 잠깐 동안 마음으
로 일체 넓고 큰 세계를 다 알아서 장애가 없
고자 하는 까닭으로 아뇩다라삼먁삼보리심을

발아뇩다라삼먁삼보리심
發阿耨多羅三藐三菩提心이니라

불자 부치차유 가사유인 어일념경
佛子야 復置此諭하고 假使有人이 於一念頃에

능지동방아승지세계성괴겁수 염념여
能知東方阿僧祇世界成壞劫數호대 念念如

시 진아승지겁 차제겁수 무유능득
是하야 盡阿僧祇劫하면 此諸劫數를 無有能得

지기변제
知其邊際니라

유제이인 어일념경 능지전인아승지겁
有第二人이 於一念頃에 能知前人阿僧祇劫

소지겁수 여시광설 내지제십 남서
所知劫數하고 如是廣說하야 乃至第十하며 南西

낸 것이다.

불자여, 다시 이 비유는 그만두고, 가령 어떤 사람이 한 생각 사이에 동방의 아승지 세계가 이루어지고 무너지는 겁의 수효를 능히 알며, 생각생각 이와 같이 하여 아승지겁을 다하였다면, 이 모든 겁의 수효는 그 끝을 알 수 없다.

둘째 사람이 있어 한 생각 사이에 앞 사람의 아승지겁 동안 안 바 겁의 수효를 능히 알며, 이와 같이 널리 말하여 이에 열째 사람에게 이르렀고, 남방과 서방과 북방과 네 간방과

북방　　사유상하　　　역부여시　　　불자　　차시
北方과 四維上下도 亦復如是하면 佛子야 此十

방아승지세계성괴겁수　　가지변제　　　　　보
方阿僧祇世界成壞劫數는 可知邊際어니와 菩

살　　초발아뇩다라삼먁삼보리심　　　공덕선
薩의 初發阿耨多羅三藐三菩提心한 功德善

근　　무유능득지기제자
根은 無有能得知其際者니라

하이고
何以故오

보살　　부제한　　　단위지이소세계성괴겁수
菩薩이 不齊限하야 但爲知爾所世界成壞劫數

고　　발아뇩다라삼먁삼보리심
故로 發阿耨多羅三藐三菩提心이라

위실지일체세계성괴겁　　　진무여고　　　발아
爲悉知一切世界成壞劫하야 盡無餘故로 發阿

상방과 하방도 또한 다시 이와 같이 하였다면,

불자여, 이 시방의 아승지 세계가 이루어지고

무너지는 겁의 수효는 끝을 알 수 있으나, 보

살이 처음 아뇩다라삼먁삼보리심을 낸 공덕과

선근은 그 끝을 알 수 없다.

　무슨 까닭인가?

　보살이 제한하여 다만 그러한 세계가 이루어

지고 무너지는 겁의 수효만을 알기 위한 까닭

으로 아뇩다라삼먁삼보리심을 내는 것이 아니

고, 일체 세계가 이루어지고 무너지는 겁을 모

두 알아서 다 남음이 없게 하기 위한 까닭으

로 아뇩다라삼먁삼보리심을 낸 것이다.

녹다라삼막삼보리심
耨多羅三藐三菩提心이니라

소위지장겁　여단겁평등　　단겁　여장겁
所謂知長劫이 與短劫平等하고 短劫이 與長劫

평등　일겁　여무수겁평등　　무수겁　여
平等과 一劫이 與無數劫平等하고 無數劫이 與

일겁평등　유불겁　여무불겁평등　무불
一劫平等과 有佛劫이 與無佛劫平等하고 無佛

겁　여유불겁평등　일불겁중　유불가설
劫이 與有佛劫平等과 一佛劫中에 有不可說

불　불가설불겁중　유일불　유량겁　여
佛하고 不可說佛劫中에 有一佛과 有量劫이 與

무량겁평등　무량겁　여유량겁평등　유
無量劫平等하고 無量劫이 與有量劫平等과 有

진겁　여무진겁평등　무진겁　여유진겁
盡劫이 與無盡劫平等하고 無盡劫이 與有盡劫

이른바 긴 겁이 짧은 겁과 평등하고 짧은 겁
이 긴 겁과 평등하며, 한 겁이 수없는 겁과 평
등하고 수없는 겁이 한 겁과 평등하며, 부처님
계시는 겁이 부처님 안 계시는 겁과 평등하고
부처님 안 계시는 겁이 부처님 계시는 겁과 평
등하며, 한 부처님 겁 가운데 말할 수 없는 부
처님이 계시고 말할 수 없는 부처님 겁 가운
데 한 부처님이 계시며, 한량있는 겁이 한량없
는 겁과 평등하고 한량없는 겁이 한량있는 겁
과 평등하며, 다함있는 겁이 다함없는 겁과 평
등하고 다함없는 겁이 다함있는 겁과 평등하
며, 말할 수 없는 겁이 한 찰나와 평등하고 한

평등   불가설겁   여일념평등   일념   여
平等과 不可說劫이 與一念平等하고 一念이 與

불가설겁평등   일체겁   입비겁   비겁
不可說劫平等과 一切劫이 入非劫하고 非劫이

입일체겁
入一切劫하니라

욕어일념중   진지전제후제   급현재일체
欲於一念中에 盡知前際後際와 及現在一切

세계성괴겁고   발아녹다라삼먁삼보리
世界成壞劫故로 發阿耨多羅三藐三菩提

심   시명초발심대서장엄   요지일체겁
心이니 是名初發心大誓莊嚴으로 了知一切劫

신통지
神通智니라

찰나가 말할 수 없는 겁과 평등하며, 일체 겁

이 겁 아닌 데 들어가고 겁 아닌 것이 일체 겁

에 들어감을 아는 것이다.

한 생각 동안에 과거와 미래와 현재의 일체

세계가 이루어지고 무너지는 겁을 다 알고자

한 까닭으로 아뇩다라삼먁삼보리심을 낸 것

이다.

이 이름이 처음 발심한 큰 서원 장엄으로 일

체 겁을 분명히 아는 신통한 지혜이다.

불자　부치차유　　가사유인　어일념경
佛子야 復置此諭하고 假使有人이 於一念頃에

능지동방아승지세계소유중생　종종차별
能知東方阿僧祇世界所有衆生의 種種差別

해　　염념여시　　진아승지겁
解호대 念念如是하야 盡阿僧祇劫이니라

유제이인　　어일념경　　능지전인아승지겁
有第二人이 於一念頃에 能知前人阿僧祇劫

소지중생제해차별　　여시역진아승지겁
所知衆生諸解差別하야 如是亦盡阿僧祇劫하나라

차제전전　　내지제십　　남서북방　사유상
次第展轉하야 乃至第十하고 南西北方과 四維上

하　역부여시　　불자　차시방중생　종종
下도 亦復如是하면 佛子야 此十方衆生의 種種

차별해　가지변제　　보살　초발아뇩다라
差別解는 可知邊際어니와 菩薩의 初發阿耨多羅

불자여, 다시 이 비유는 그만두고, 가령 어떤 사람이 한 생각 사이에 동방의 아승지 세계에 있는 중생들의 갖가지 차별한 이해를 능히 알며, 생각생각 이와 같이 하여 아승지겁을 다하였다.

둘째 사람이 있어 한 생각 사이에 앞의 사람이 아승지겁 동안 안 바 중생들의 모든 이해의 차별을 능히 알아서, 이와 같이 또한 아승지겁을 다하였다.

차례로 점점 더하여 이에 열째 사람에 이르렀고, 남방과 서방과 북방과 네 간방과 상방과 하방도 또한 다시 이와 같이 하였다면, 불

삼먁삼보리심   공덕선근   무유능득지기
三藐三菩提心한 功德善根은 無有能得知其

제자
際者니라

하이고
何以故오

불자   보살   부제한   단위지이소중생해
佛子야 菩薩이 不齊限하야 但爲知爾所衆生解

고   발아뇩다라삼먁삼보리심
故로 發阿耨多羅三藐三菩提心이라

위진지일체세계소유중생   종종차별해고
爲盡知一切世界所有衆生의 種種差別解故로

발아뇩다라삼먁삼보리심
發阿耨多羅三藐三菩提心이니라

소위욕지일체차별해무변고   일중생해무
所謂欲知一切差別解無邊故와 一衆生解無

자여, 이 시방 중생들의 갖가지 차별한 이해
는 끝을 알 수 있으나, 보살이 처음 아뇩다라
삼먁삼보리심을 낸 공덕과 선근은 그 끝을 알
수 없다.

무슨 까닭인가?

불자여, 보살이 제한하여 다만 그러한 중생
들의 이해만을 알기 위해서 아뇩다라삼먁삼
보리심을 내는 것이 아니고, 일체 세계에 있는
중생들의 갖가지 차별한 이해를 다 알기 위한
까닭으로 아뇩다라삼먁삼보리심을 낸 것이다.

이른바 일체 차별한 이해의 가없음을 알려는
까닭이며, 한 중생의 이해가 가없는 중생들의

수중생해평등고　욕득불가설차별해방편
數衆生解平等故며 **欲得不可說差別解方便**

지광명고
智光明故니라

욕실지중생해각각차별해　진무여고　욕
欲悉知衆生海各各差別解하야 **盡無餘故**며 **欲**

실지과현미래선불선종종무량해고　욕실
悉知過現未來善不善種種無量解故며 **欲悉**

지상사해불상사해고
知相似解不相似解故니라

욕실지일체해　즉시일해　일해　즉시일체
欲悉知一切解가 **卽是一解**와 **一解**가 **卽是一切**

해고　욕득여래해력고
解故며 **欲得如來解力故**니라

욕실지유상해무상해　유여해무여해　등
欲悉知有上解無上解와 **有餘解無餘解**와 **等**

이해와 평등한 까닭이며, 말할 수 없이 차별한 이해의 방편 지혜 광명을 얻으려는 까닭이다.

중생바다의 각각 차별한 이해를 다 남김없이 모두 알려는 까닭이며, 과거와 현재와 미래의 선하고 선하지 못한 갖가지 한량없는 이해를 모두 알려는 까닭이며, 비슷한 이해와 비슷하지 않은 이해를 모두 알려는 까닭이다.

일체 이해가 곧 한 이해이고 한 이해가 곧 일체 이해임을 모두 알려는 까닭이며, 여래의 이해하는 힘을 얻으려는 까닭이다.

위가 있는 이해와 위가 없는 이해와, 남음이

해부등해차별고
解不等解差別故니라

욕실지유의해무의해   공해불공해   유변
欲悉知有依解無依解와 共解不共解와 有邊

해무변해   차별해무차별해   선해불선해
解無邊解와 差別解無差別解와 善解不善解와

세간해출세간해차별고
世間解出世間解差別故니라

욕어일체묘해대해무량해정위해중   득여
欲於一切妙解大解無量解正位解中에 得如

래해탈무장애지고
來解脫無障礙智故니라

욕이무량방편   실지시방일체중생계일일
欲以無量方便으로 悉知十方一切衆生界一一

중생   정해염해   광해약해   세해추해
衆生의 淨解染解와 廣解略解와 細解麤解하야

있는 이해와 남음이 없는 이해와, 평등한 이해와 평등하지 않은 이해의 차별함을 모두 알려는 까닭이다.

의지함 있는 이해와 의지함 없는 이해와, 함께하는 이해와 함께하지 않는 이해와, 끝이 있는 이해와 끝이 없는 이해와, 차별이 있는 이해와 차별이 없는 이해와, 선한 이해와 선하지 않은 이해와, 세간의 이해와 출세간의 이해의 차별함을 모두 알려는 까닭이다.

일체의 묘한 이해와 큰 이해와 한량없는 이해와 바른 지위의 이해 가운데서 여래 해탈의 걸림 없는 지혜를 얻으려는 까닭이다.

진무여고
盡無餘故니라

욕실 지 심 밀 해   방 편 해   분 별 해   자 연
欲悉知深密解와 **方便解**와 **分別解**와 **自然**

해   수 인 소 기 해   수 연 소 기 해   일 체 해
解와 **隨因所起解**와 **隨緣所起解**와 **一切解**

망   실 무 여 고   발 아 뇩 다 라 삼 먁 삼 보 리
網하야 **悉無餘故**로 **發阿耨多羅三藐三菩提**

심
心이니라

불 자   부 치 차 유   가 사 유 인   어 일 념 경
佛子야 **復置此諭**하고 **假使有人**이 **於一念頃**에

능 지 동 방 무 수 세 계 일 체 중 생   제 근 차 별
能知東方無數世界一切衆生의 **諸根差別**호대

한량없는 방편으로 시방 일체 중생계의 낱낱 중생의 깨끗한 이해와 물든 이해와 넓은 이해와 간략한 이해와 세밀한 이해와 거친 이해를 모두 알아서 다 남음이 없게 하려는 까닭이다.

깊고 비밀한 이해와 방편의 이해와 분별한 이해와 자연의 이해와 인을 따라 일어나는 이해와 연을 따라 일어나는 이해와 일체 이해의 그물을 모두 알아서 모두 남음이 없게 하려는 까닭으로 아뇩다라삼먁삼보리심을 낸 것이다.

불자여, 다시 이 비유는 그만두고, 가령 어떤 사람이 한 생각 사이에 동방의 수없는 세계의

염념여시　　경아승지겁
念念如是하야 經阿僧祇劫하니라

유제이인　　어일념경　　능지전인　　아승지
有第二人이 於一念頃에 能知前人의 阿僧祇

겁　　염념소지제근차별
劫에 念念所知諸根差別하니라

여시광설　　내지제십　　남서북방　　사유
如是廣說하야 乃至第十하고 南西北方과 四維

상하　　역부여시　　불자　　차시방세계소유
上下도 亦復如是하면 佛子야 此十方世界所有

중생　　제근차별　　가지변제　　　보살　　초발
衆生의 諸根差別은 可知邊際어니와 菩薩의 初發

아뇩다라삼먁삼보리심　　공덕선근　　무유
阿耨多羅三藐三菩提心한 功德善根은 無有

능득지기제자
能得知其際者니라

일체 중생의 모든 근이 차별함을 능히 알며, 생각생각 이와 같이 하여 아승지겁을 지냈다.

둘째 사람이 있어 한 생각 사이에 앞의 사람이 아승지겁 동안 생각생각 안 바 모든 근의 차별을 능히 알았다.

이와 같이 널리 설하여 이에 열째 사람에 이르렀고, 남방과 서방과 북방과 네 간방과 상방과 하방도 또한 다시 이와 같이 하였다면, 불자여, 이 시방세계에 있는 중생들의 모든 근이 차별함은 끝을 알 수 있으나, 보살이 처음 아뇩다라삼먁삼보리심을 낸 공덕과 선근은 그 끝을 알 수 없다.

하이고
何以故오

보살 부제한 단위지이소세계중생근고
菩薩이 不齊限하야 但爲知爾所世界衆生根故로

발아뇩다라삼먁삼보리심 위진지일체
發阿耨多羅三藐三菩提心이라 爲盡知一切

세계중일체중생근 종종차별 광설내
世界中一切衆生根의 種種差別하며 廣說乃

지욕진지일체제근망고 발아뇩다라삼먁
至欲盡知一切諸根網故로 發阿耨多羅三藐

삼보리심
三菩提心이니라

불자 부치차유 가사유인 어일념경
佛子야 復置此諭하고 假使有人이 於一念頃에

무슨 까닭인가?

보살이 제한하여 다만 그러한 세계 중생들의 근만을 알기 위하여 아뇩다라삼먁삼보리심을 내는 것이 아니고, 일체 세계 가운데 있는 일체 중생의 근이 갖가지로 차별함을 다 알기 위해서이며, 널리 말하여 내지 일체 모든 근의 그물을 다 알려는 까닭으로 아뇩다라삼먁삼보리심을 낸 것이다.

불자여, 다시 이 비유는 그만두고, 가령 어떤 사람이 한 생각 사이에 동방의 수없는 세

능지동방무수세계소유중생　　종종욕락
能知東方無數世界所有衆生의 **種種欲樂**호대

염념여시　　진아승지겁　　차제광설　　내
念念如是하야 **盡阿僧祇劫**하며 **次第廣說**하야 **乃**

지제십　　남서북방　　사유상하　　역부여시
至第十하고 **南西北方**과 **四維上下**도 **亦復如是**하면

차시방중생　　소유욕락　　가지변제　　　　보
此十方衆生의 **所有欲樂**은 **可知邊際**어니와 **菩**

살　　초발아뇩다라삼먁삼보리심　　　공덕선
薩의 **初發阿耨多羅三藐三菩提心**한 **功德善**

근　　무유능득지기제자
根은 **無有能得知其際者**니라

하이고
何以故오

불자　　보살　　부제한　　　단위지이소중생욕
佛子야 **菩薩**이 **不齊限**하야 **但爲知爾所衆生欲**

계에 있는 중생들의 갖가지 욕락을 능히 알며, 생각생각 이와 같이 하여 아승지겁을 다하였으며, 차례로 널리 말하여 이에 열째 사람에게 이르렀고, 남방과 서방과 북방과 네 간방과 상방과 하방도 또한 다시 이와 같이 하였다면, 이 시방 중생들이 가진 욕락은 끝을 알 수 있으나, 보살이 처음 아뇩다라삼먁삼보리심을 낸 공덕과 선근은 그 끝을 알 수 없다.

무슨 까닭인가?

불자여, 보살이 제한하여 다만 그러한 중생들의 욕락만을 알기 위하여 아뇩다라삼먁삼

락고　　발아뇩다라삼먁삼보리심　　위진
樂故로　發阿耨多羅三藐三菩提心이라　爲盡

지일체세계소유중생　　종종욕락　　광설
知一切世界所有衆生의　種種欲樂하며　廣說

내지욕진지일체욕락망고　　발아뇩다라삼
乃至欲盡知一切欲樂網故로　發阿耨多羅三

먁삼보리심
藐三菩提心이니라

불자　　부치차유　　가사유인　　어일념경
佛子야　復置此諭하고　假使有人이　於一念頃에

능지동방무수세계소유중생　　종종방편
能知東方無數世界所有衆生의　種種方便하며

여시광설　　내지제십　　남서북방　　사유상
如是廣說하야　乃至第十하고　南西北方과　四維上

보리심을 내는 것이 아니고, 일체 세계에 있는 중생들의 갖가지 욕락을 다 알기 위해서이며, 널리 말하여 내지 일체 욕락의 그물을 다 알려는 까닭으로 아뇩다라삼먁삼보리심을 낸 것이다.

불자여, 다시 이 비유는 그만두고, 가령 어떤 사람이 한 생각 사이에 동방의 수없는 세계에 있는 중생들의 갖가지 방편을 능히 알며, 이와 같이 널리 말하여 이에 열째 사람에게 이르렀고, 남방과 서방과 북방과 네 간방과 상방

하　　역부여시　　차시방중생　　종종방편
下도 亦復如是하면 此十方衆生의 種種方便은

가 지 변 제　　　　보살　　초발아뇩다라삼먁삼
可知邊際어니와 菩薩의 初發阿耨多羅三藐三

보리심　　공덕선근　　무유능득지기제자
菩提心한 功德善根은 無有能得知其際者니라

하 이 고
何以故오

불자　　보살　　부제한　　단위지이소세계중
佛子야 菩薩이 不齊限하야 但爲知爾所世界衆

생　　종종방편고　　발아뇩다라삼먁삼보리
生의 種種方便故로 發阿耨多羅三藐三菩提

심　　　위진지일체세계소유중생　　종종방
心이라 爲盡知一切世界所有衆生의 種種方

편　　광설내지욕진지일체방편망고　　발아
便하며 廣說乃至欲盡知一切方便網故로 發阿

과 하방도 또한 다시 이와 같이 하였다면, 이 시방 중생들의 갖가지 방편은 끝을 알 수 있으나, 보살이 처음 아뇩다라삼먁삼보리심을 낸 공덕과 선근은 그 끝을 알 수 없다.

무슨 까닭인가?

불자여, 보살이 제한하여 다만 그러한 세계의 중생들의 갖가지 방편만을 알기 위하여 아뇩다라삼먁삼보리심을 내는 것이 아니고, 일체 세계에 있는 중생들의 갖가지 방편을 다 알기 위해서이며, 널리 말하여 내지 일체 방편 그물을 다 알려는 까닭으로 아뇩다라삼먁삼

녹 다 라 삼 먁 삼 보 리 심
耨多羅三藐三菩提心이니라

불자   부치차유   가사유인   어일념경
佛子야 復置此諭하고 假使有人이 於一念頃에

능지동방무수세계소유중생   종종차별심
能知東方無數世界所有衆生의 種種差別心하며

광설내지차시방세계소유중생   종종차별
廣說乃至此十方世界所有衆生의 種種差別

심   가지변제   보살   초발아녹다라삼먁
心은 可知邊際어니와 菩薩의 初發阿耨多羅三藐

삼보리심   공덕선근   무유능득지기제자
三菩提心한 功德善根은 無有能得知其際者니라

하이고
何以故오

보리심을 낸 것이다.

 불자여, 다시 이 비유는 그만두고, 가령 어떤 사람이 한 생각 사이에 동방의 수없는 세계에 있는 중생들의 갖가지 차별한 마음을 능히 알며, 널리 말하여 내지 이 시방세계에 있는 중생들의 갖가지 차별한 마음은 끝을 알 수 있으나, 보살이 처음 아뇩다라삼먁삼보리심을 낸 공덕과 선근은 그 끝을 알 수 없다.

 무슨 까닭인가?

불자 보살 부제한 단위 지 이 소 중생 심
佛子야 菩薩이 不齊限하야 但爲知爾所衆生心

고 발 아 녹 다 라 삼 먁 삼 보 리 심
故로 發阿耨多羅三藐三菩提心이라

위 실 지 진 법 계 허 공 계 무 변 중 생 종 종 심
爲悉知盡法界虛空界無邊衆生의 種種心하며

내 지 욕 진 지 일 체 심 망 고 발 아 녹 다 라 삼 먁
乃至欲盡知一切心網故로 發阿耨多羅三藐

삼 보 리 심
三菩提心이니라

불자 부 치 차 유 가 사 유 인 어 일 념 경
佛子야 復置此諭하고 假使有人이 於一念頃에

능 지 동 방 무 수 세 계 소 유 중 생 종 종 차 별 업
能知東方無數世界所有衆生의 種種差別業하며

불자여, 보살이 제한하여 다만 그러한 중생들의 마음만을 알기 위하여 아뇩다라삼먁삼보리심을 내는 것이 아니고, 온 법계 허공계의 가없는 중생들의 갖가지 마음을 모두 알기 위해서이며, 내지 일체의 마음그물을 다 알려는 까닭으로 아뇩다라삼먁삼보리심을 낸 것이다.

불자여, 다시 이 비유는 그만두고, 가령 어떤 사람이 한 생각 사이에 동방의 수없는 세계에 있는 중생들의 갖가지 차별한 업을 능히

광설내지차시방중생 종종차별업 가지변
廣說乃至此十方衆生의 種種差別業은 可知邊

제 보살 초발아뇩다라삼먁삼보리심
際어니와 菩薩의 初發阿耨多羅三藐三菩提心한

선근변제 불가득지
善根邊際는 不可得知니라

하이고
何以故오

불자 보살 부제한 단위지이소중생업
佛子야 菩薩이 不齊限하야 但爲知爾所衆生業

고 발아뇩다라삼먁삼보리심 욕실
故로 發阿耨多羅三藐三菩提心이라 欲悉

지삼세일체중생업 내지욕실지일체업
知三世一切衆生業하며 乃至欲悉知一切業

망고 발아뇩다라삼먁삼보리심
網故로 發阿耨多羅三藐三菩提心이니라

알며, 널리 말하여 내지 이 시방 중생들의 갖가지 차별한 업은 끝을 알 수 있으나, 보살이 처음 아뇩다라삼먁삼보리심을 낸 선근의 끝은 알 수 없다.

무슨 까닭인가?

불자여, 보살이 제한하여 다만 그러한 중생들의 업만을 알기 위하여 아뇩다라삼먁삼보리심을 내는 것이 아니고, 삼세 일체 중생들의 업을 모두 알기 위해서이며 내지 일체 업의 그물을 모두 알려는 까닭으로 아뇩다라삼먁삼보리심을 낸 것이다.

불자   부치차유   가사유인   어일념경
佛子야 復置此諭하고 假使有人이 於一念頃에

능지동방무수세계소유중생   종종번뇌
能知東方無數世界所有衆生의 種種煩惱호대

염념여시   진아승지겁   차제번뇌종종
念念如是하야 盡阿僧祇劫하면 此諸煩惱種種

차별   무유능득지기변제
差別을 無有能得知其邊際니라

유제이인   어일념경   능지전인아승지겁
有第二人이 於一念頃에 能知前人阿僧祇劫

소지중생번뇌차별   여시부진아승지겁
所知衆生煩惱差別하야 如是復盡阿僧祇劫하니라

차제광설   내지제십   남서북방   사유상
次第廣說하야 乃至第十하고 南西北方과 四維上

하   역부여시   불자   차시방중생   번뇌
下도 亦復如是하면 佛子야 此十方衆生의 煩惱

불자여, 다시 이 비유는 그만두고, 가령 어떤 사람이 한 생각 사이에 동방의 수없는 세계에 있는 중생들의 갖가지 번뇌를 능히 알며, 생각생각 이와 같이 하여 아승지겁을 다하였다면, 이 모든 번뇌의 갖가지 차별은 그 끝을 알 수 없다.

둘째 사람이 있어 한 생각 사이에 앞의 사람이 아승지겁에 안 바 중생들의 번뇌가 차별함을 능히 알고 이와 같이 하여 다시 아승지겁을 다하였다.

차례로 널리 말하여 이에 열째 사람에게 이르렀고, 남방과 서방과 북방과 네 간방과 상방과 하방도 또한 다시 이와 같이 하였다면, 불

차별   가지변제   보살   초발아뇩다라삼
差別은 可知邊際어니와 菩薩의 初發阿耨多羅三

막삼보리심   선근변제   불가득지
藐三菩提心한 善根邊際는 不可得知니라

하 이 고
何以故오

불자   보살   부제한   단위지이소세계중
佛子야 菩薩이 不齊限하야 但爲知爾所世界衆

생번뇌고   발아뇩다라삼막삼보리심
生煩惱故로 發阿耨多羅三藐三菩提心이라

위진지일체세계소유중생   번뇌차별고
爲盡知一切世界所有衆生의 煩惱差別故로

발아뇩다라삼막삼보리심
發阿耨多羅三藐三菩提心이니라

소위욕진지경번뇌   중번뇌   면번뇌   기
所謂欲盡知輕煩惱와 重煩惱와 眠煩惱와 起

자여, 이 시방 중생들의 번뇌가 차별한 것은 끝을 알 수 있으나, 보살이 처음 아뇩다라삼 먁삼보리심을 낸 선근의 끝은 알 수 없다.

무슨 까닭인가?

불자들이여, 보살이 제한하여 다만 그러한 세계의 중생들의 번뇌만을 알기 위하여 아뇩 다라삼먁삼보리심을 내는 것이 아니고, 일체 세계에 있는 중생들의 번뇌가 차별함을 다 알 기 위한 까닭으로 아뇩다라삼먁삼보리심을 낸 것이다.

이른바 가벼운 번뇌와 무거운 번뇌와 잠자는 번뇌와 일어나는 번뇌와 낱낱 중생의 한량없

번뇌   일일중생무량번뇌   종종차별   종
煩惱와 一一衆生無量煩惱의 種種差別하야 種

종각관   정치일체제잡염고
種覺觀으로 淨治一切諸雜染故니라

욕진지의무명번뇌   애상응번뇌   단일체
欲盡知依無明煩惱와 愛相應煩惱하야 斷一切

제유취번뇌결고   욕진지탐분번뇌   진분
諸有趣煩惱結故며 欲盡知貪分煩惱와 瞋分

번뇌   치분번뇌   등분번뇌   단일체번뇌근
煩惱와 癡分煩惱와 等分煩惱와 斷一切煩惱根

본고
本故니라

욕실지아번뇌   아소번뇌   아만번뇌   각
欲悉知我煩惱와 我所煩惱와 我慢煩惱하야 覺

오일체번뇌   진무여고   욕실지종전도분
悟一切煩惱하야 盡無餘故며 欲悉知從顚倒分

는 번뇌의 갖가지 차별을 다 알아서 갖가지 각
관으로 일체 모든 잡되고 물든 것을 깨끗하게
하려는 까닭이다.

무명을 의지한 번뇌와 애와 상응하는 번뇌를
다 알아서 일체 모든 유와 갈래의 번뇌 결박
을 끊으려는 까닭이며, 탐하는 성품의 번뇌와
성내는 성품의 번뇌와 어리석은 성품의 번뇌
와 동등한 성품의 번뇌를 다 알아서 일체 번
뇌의 근본을 끊으려는 까닭이다.

'나'라는 번뇌와 '내 것'이라는 번뇌와 아만
의 번뇌를 모두 알아서 일체의 번뇌를 깨달아
다 남음이 없게 하려는 까닭이며, 전도된 분별

별생근본번뇌　　수번뇌　　인신견생육십이
別生根本煩惱와 **隨煩惱**와 **因身見生六十二**

견　　조복일체번뇌고
見하야 **調伏一切煩惱故**니라

욕실지개번뇌　　장번뇌　　발대비구호심
欲悉知蓋煩惱와 **障煩惱**하야 **發大悲救護心**하고

단일체번뇌망　　영일체지성청정고　　발아
斷一切煩惱網하야 **令一切智性清淨故**로 **發阿**

녹다라삼먁삼보리심
耨多羅三藐三菩提心이니라

불자　　부치차유　　가사유인　　어일념경
佛子야 **復置此諭**하고 **假使有人**이 **於一念頃**에

이제종종상미음식　　향화의복　　당번산개
以諸種種上味飲食과 **香華衣服**과 **幢幡傘蓋**와

로부터 생겨난 근본번뇌와 수번뇌와 신견으로 인하여 생겨난 육십이견을 모두 알아서 일체 번뇌를 조복하려는 까닭이다.

덮는 번뇌와 막는 번뇌를 모두 알아서 큰 자비로 구호하려는 마음을 내어 일체 번뇌의 그물을 끊고 일체 지혜의 성품이 청정하게 하려는 까닭으로 아뇩다라삼먁삼보리심을 낸 것이다.

불자여, 다시 이 비유는 그만두고, 가령 어떤 사람이 한 생각 사이에 모든 갖가지 맛좋은 음식과 향과 꽃과 의복과 당기와 깃발과 일산과 절과 훌륭한 궁전과 보배휘장과 그물휘장

급승가람상묘궁전　　　보장망만　　　종종장
及僧伽藍上妙宮殿과　寶帳網幔과　種種莊

엄사자지좌　　　급중묘보　　　공양동방무수제
嚴師子之座와　及衆妙寶로　供養東方無數諸

불　급무수세계소유중생　　　공경존중　　　예
佛과　及無數世界所有衆生하야　恭敬尊重하고　禮

배찬탄　　　곡궁첨앙　　　상속부절　　　경무수
拜讚歎하고　曲躬瞻仰호대　相續不絶하야　經無數

겁
劫하니라

우권피중생　　　실령여시공양어불　　　지불
又勸彼衆生하야　悉令如是供養於佛하고　至佛

멸후　　각위기탑　　　기탑　고광　　　무수세계
滅後에　各爲起塔호대　其塔이　高廣하야　無數世界

중보소성　　　종종장엄　　　일일탑중　　각유
衆寶所成으로　種種莊嚴하고　一一塔中에　各有

과 갖가지로 장엄한 사자좌와 온갖 묘한 보배로써 동방의 수없는 모든 부처님과 그리고 수없는 세계에 있는 중생들에게 공양올리고, 공경하고 존중하고 예배하고 찬탄하며, 몸을 굽혀 우러르기를 상속하여 끊이지 않고 수없는 겁을 지냈다.

또 그 중생들에게 권하여 모두 이와 같이 부처님께 공양올리고, 부처님께서 열반하신 뒤에는 각각 탑을 세우되, 그 탑이 높고 넓으며 수없는 세계의 온갖 보배로 이루어 갖가지로 장엄하였으며, 낱낱 탑 가운데 각각 수없는 여래의 형상을 모시고, 광명이 수없는 세계에 두

무수여래형상　광명변조무수세계　　경 무
無數如來形像이 光明徧照無數世界하야 經無

수겁
數劫하며

남서북방　　사유상하　　역부여시　　불 자
南西北方과 四維上下도 亦復如是하면 佛子야

어여의운하　　차인공덕　　영위다부
於汝意云何오 此人功德이 寧爲多不아

천제　　언
天帝가 言하사대

시인공덕　　유불내지　　여무능측
是人功德은 唯佛乃知요 餘無能測이니이다

불자　　차인공덕　　비보살초발심공덕　　　백
佛子야 此人功德을 比菩薩初發心功德컨댄 百

분　불급일　　천분　불급일　　백천분　불
分에 不及一이며 千分에 不及一이며 百千分에 不

루 비치게 하며, 수없는 겁을 지냈다.

남방과 서방과 북방과 네 간방과 상방과 하방도 또한 다시 이와 같이 하였다면, 불자여, 그대의 생각에는 어떠한가? 이 사람의 공덕이 얼마나 많은가?"

제석천왕이 대답하였다.

"이 사람의 공덕은 오직 부처님만 아시고, 다른 이는 헤아릴 수 없습니다."

"불자여, 이 사람의 공덕을 보살이 처음 발심한 공덕에 비교하면, 백분의 일에도 미치지 못하고, 천분의 일에도 미치지 못하고, 백천분의 일에도 미치지 못하며, 내지 우파니사타분의

급일　　　내지우파니사타분　　역불급일
及一이며 乃至優波尼沙陀分에 亦不及一이니라

불자　　부치차유　　　가사부유제이인　　어일
佛子야 復置此諭하고 假使復有第二人이 於一

념중　　　능작전인　　급무수세계소유중생
念中에 能作前人과 及無數世界所有衆生의

무수겁중공양지사　　　염념여시　　　이무량
無數劫中供養之事호대 念念如是하야 以無量

종공양지구　　공양무량제불여래　　급무량
種供養之具로 供養無量諸佛如來와 及無量

세계소유중생　　　경무량겁
世界所有衆生호대 經無量劫하니라

기제삼인　　내지제십인　　개역여시　　　어일
其第三人과 乃至第十人도 皆亦如是하야 於一

일에도 미치지 못한다.

불자여, 다시 이 비유는 그만두고, 가령 다시 둘째 사람이 있어 한 생각 사이에 앞의 사람과 수없는 세계에 있는 중생들이 수없는 겁동안 공양올렸던 일을 지으며, 생각생각 이와 같이 하여 한량없는 종류의 공양거리로써 한량없는 모든 부처님 여래와 한량없는 세계에 있는 중생들에게 공양올리며 한량없는 겁을 지냈다.

그 셋째 사람과 내지 열째 사람도 다 또한 이와 같이 하여 한 생각 사이에 앞의 사람이

념중　능작전인　소유공양　염념여시
念中에 能作前人의 所有供養호대 念念如是하야

이무변무등불가수불가칭불가사불가량불
以無邊無等不可數不可稱不可思不可量不

가설불가설불가설공양지구　공양무변내지
可說不可說不可說供養之具로 供養無邊乃至

불가설불가설제불　급이허세계소유중
不可說不可說諸佛과 及爾許世界所有衆

생　경무변내지불가설불가설겁　지불
生호대 經無邊乃至不可說不可說劫하고 至佛

멸후　각위기탑　기탑고광　내지주겁
滅後에 各爲起塔호대 其塔高廣과 乃至住劫도

역부여시
亦復如是하니라

불자　차전공덕　비보살초발심공덕　백
佛子야 此前功德을 比菩薩初發心功德컨댄 百

공양올렸던 일을 능히 지으며, 생각생각 이와 같이 하여 가없고, 같음이 없고, 셀 수 없고, 일컬을 수 없고, 생각할 수 없고, 헤아릴 수 없고, 말할 수 없고, 말할 수 없이 말할 수 없는 공양거리로써, 가없고 내지 말할 수 없이 말할 수 없는 모든 부처님과 그러한 세계에 있는 중생들에게 공양올리며, 가없고 내지 말할 수 없이 말할 수 없는 겁을 지냈다. 부처님께서 열반하신 뒤에는 각각 탑을 세우되 그 탑의 높고 넓음과, 내지 머무르는 겁도 또한 다시 이와 같았다.

불자여, 이 앞의 공덕을 보살이 처음 발심한

분 불급일 천분 불급일 백천분 불
分에 不及一이며 千分에 不及一이며 百千分에 不

급일 내지우파니사타분 역불급일
及一이며 乃至優波尼沙陀分에 亦不及一이니라

하이고
何以故오

불자 보살마하살 부제한 단위공양이
佛子야 菩薩摩訶薩이 不齊限하야 但爲供養爾

소불고 발아뇩다라삼먁삼보리심 위
所佛故로 發阿耨多羅三藐三菩提心이라 爲

공양진법계허공계불가설불가설시방무량
供養盡法界虛空界不可說不可說十方無量

거래현재소유제불고 발아뇩다라삼먁삼
去來現在所有諸佛故로 發阿耨多羅三藐三

보리심
菩提心이니라

공덕에 비교하면, 백분의 일에도 미치지 못하고, 천분의 일에도 미치지 못하고, 백천분의 일에도 미치지 못하며, 내지 우파니사타분의 일에도 또한 미치지 못한다.

무슨 까닭인가?

불자여, 보살마하살이 제한하여 다만 그곳 부처님에게만 공양올리기 위하여 아뇩다라삼먁삼보리심을 내는 것이 아니고, 온 법계 허공계의 말할 수 없이 말할 수 없는 시방의 한량 없는 과거와 미래와 현재의 모든 부처님께 공양올리기 위한 까닭으로 아뇩다라삼먁삼보리심을 낸 것이다.

발시심이　능지전제일체제불　시성정각
發是心已에　能知前際一切諸佛의　始成正覺과

급반열반　능신후제일체제불　소유선
及般涅槃하며　能信後際一切諸佛의　所有善

근　능지현재일체제불　소유지혜
根하며　能知現在一切諸佛의　所有智慧하나라

피제불소유공덕　차보살　능신　능수
彼諸佛所有功德을　此菩薩이　能信하며　能受하며

능수　능득　능지　능증　능성취
能修하며　能得하며　能知하며　能證하며　能成就하야

능여제불　평등일성
能與諸佛로　平等一性이니라

하이고
何以故오

차보살　위부단일체여래종성고　발심
此菩薩이　爲不斷一切如來種性故로　發心이며

이 마음을 내고는 과거의 일체 모든 부처님께서 비로소 정각을 이루신 것과 열반에 드신 것을 능히 알며, 미래의 일체 모든 부처님께서 가지실 선근을 능히 믿으며, 현재의 일체 모든 부처님께서 가지고 계시는 지혜를 능히 안다.

저 모든 부처님께서 가지신 공덕을 이 보살이 능히 믿고, 능히 받고, 능히 닦고, 능히 얻고, 능히 알고, 능히 증득하고, 능히 성취하여, 능히 모든 부처님과 더불어 평등한 한 성품이다.

무슨 까닭인가?

이 보살이 일체 여래의 종성을 끊지 않기 위한 까닭으로 발심하며, 일체 세계에 두루 가

위충변일체세계고　　발심　　위도탈일체세
爲充徧一切世界故로 **發心**이며 **爲度脫一切世**

계중생고　　발심
界衆生故로 **發心**이니라

위실지일체세계성괴고　　발심　　위실지
爲悉知一切世界成壞故로 **發心**이며 **爲悉知**

일체중생구정고　　발심　　위실지일체세
一切衆生垢淨故로 **發心**이며 **爲悉知一切世**

계삼유청정고　　발심　　위실지일체중생심
界三有淸淨故로 **發心**이며 **爲悉知一切衆生心**

락번뇌습기고　　발심
樂煩惱習氣故로 **發心**이니라

위실지일체중생사차생피고　　발심　　위실
爲悉知一切衆生死此生彼故로 **發心**이며 **爲悉**

지일체중생제근방편고　　발심　　위실지일
知一切衆生諸根方便故로 **發心**이며 **爲悉知一**

득하기 위한 까닭으로 발심하며, 일체 세계의 중생들을 제도하여 해탈케 하기 위한 까닭으로 발심한 것이다.

일체 세계의 이루어지고 무너짐을 모두 알기 위한 까닭으로 발심하며, 일체 중생의 때묻고 깨끗함을 모두 알기 위한 까닭으로 발심하며, 일체 세계의 삼유가 청정함을 모두 알기 위한 까닭으로 발심하며, 일체 중생의 마음의 욕락과 번뇌와 습기를 모두 알기 위한 까닭으로 발심한 것이다.

일체 중생이 여기서 죽어서 저기에서 태어나는 것을 모두 알기 위한 까닭으로 발심하며, 일체 중생의 모든 근과 방편을 모두 알기 위

체중생심행고　　발심　　위실지일체중생삼
切衆生心行故_로 發心_{이며} 爲悉知一切衆生三

체중생심행고　　발심　　위실지일체중생삼
切衆生心行故로 發心이며 爲悉知一切衆生三

세지고　　발심
世智故로 發心이니라

이발심고　　상위삼세일체제불지소억념
以發心故로 常爲三世一切諸佛之所憶念하며

당득삼세일체제불　무상보리
當得三世一切諸佛의 無上菩提하나니라

즉위삼세일체제불　여기묘법　　즉여삼
卽爲三世一切諸佛이 與其妙法하며 卽與三

세일체제불　　체성평등　　이수삼세일체
世一切諸佛로 體性平等하며 已修三世一切

제불　조도지법　성취삼세일체제불　역
諸佛의 助道之法하며 成就三世一切諸佛의 力

무소외　　장엄삼세일체제불　불공불법
無所畏하며 莊嚴三世一切諸佛의 不共佛法하며

한 까닭으로 발심하며, 일체 중생의 마음의 행을 모두 알기 위한 까닭으로 발심하며, 일체 중생의 삼세의 지혜를 모두 알기 위한 까닭으로 발심한 것이다.

발심하였으므로 항상 삼세의 일체 모든 부처님의 생각하시는 바가 되며, 마땅히 삼세의 일체 모든 부처님의 위없는 보리를 얻을 것이다.

곧 삼세의 일체 모든 부처님께서 그에게 묘한 법을 주시며, 곧 삼세의 일체 모든 부처님과 더불어 체성이 평등하며, 삼세의 일체 모든 부처님의 도를 돕는 법을 이미 닦았으며, 삼세의 일체 모든 부처님의 힘과 두려움 없음을 성

실득법계일체제불　설법지혜
悉得法界一切諸佛의 說法智慧니라

하이고
何以故오

이시발심　당득불고
以是發心으로 當得佛故니라

응지차인　즉여삼세제불동등　즉여삼세
應知此人은 卽與三世諸佛同等이며 卽與三世

제불여래경계평등　즉여삼세제불여래공
諸佛如來境界平等이며 卽與三世諸佛如來功

덕평등　득여래일신무량신　구경평등
德平等이며 得如來一身無量身이 究竟平等한

진실지혜
眞實智慧니라

재발심시　즉위시방일체제불　소공칭탄
纔發心時에 卽爲十方一切諸佛의 所共稱歎하며

취하며, 삼세의 일체 모든 부처님의 함께하지 않는 불법을 장엄하며, 법계의 일체 모든 부처님의 설법하시는 지혜를 모두 얻을 것이다.

무슨 까닭인가?

이 발심으로써 마땅히 부처가 되기 때문이다.

마땅히 알아야 한다. 이 사람은 곧 삼세의 모든 부처님과 동등하며, 곧 삼세의 모든 부처님 여래의 경계와 평등하며, 곧 삼세의 모든 부처님 여래의 공덕과 평등하며, 여래의 한 몸과 한량없는 몸이 끝까지 평등한 진실한 지혜를 얻을 것이다.

겨우 발심할 때에, 곧 시방의 일체 모든 부처

즉능설법　　교화조복일체세계소유중생
卽能說法하야　敎化調伏一切世界所有衆生하며

즉능진동일체세계　　즉능광조일체세계
卽能震動一切世界하며　卽能光照一切世界하며

즉능식멸일체세계제악도고
卽能息滅一切世界諸惡道苦하나라

즉능엄정일체국토　　즉능어일체세계중
卽能嚴淨一切國土하며　卽能於一切世界中에

시현성불　　즉능령일체중생　　개득환희
示現成佛하며　卽能令一切衆生으로　皆得歡喜하며

즉능입일체법계성　　즉능지일체불종성
卽能入一切法界性하며　卽能持一切佛種性하며

즉능득일체불지혜광명
卽能得一切佛智慧光明이니라

차초발심보살　　불어삼세　　소유소득　　소
此初發心菩薩이　不於三世에　少有所得이니　所

님께서 함께 칭찬하시는 바가 되며, 곧 능히 법을 설하여 일체 세계에 있는 중생들을 교화하고 조복하며, 곧 능히 일체 세계를 진동하며, 곧 능히 광명으로 일체 세계를 비추며, 곧 능히 일체 세계의 모든 악도의 고통을 소멸한다.

곧 능히 일체 국토를 깨끗이 장엄하며, 곧 능히 일체 세계에서 성불함을 나타내 보이며, 곧 능히 일체 중생을 모두 환희하게 하며, 곧 능히 일체 법계의 성품에 들어가며, 곧 능히 일체 부처님의 종성을 지니며, 곧 능히 일체 부처님의 지혜 광명을 얻는다.

이 처음 발심한 보살은 삼세에 대하여 조금

위약제불　약제불법　약보살　약보살법
謂若諸佛과　若諸佛法과　若菩薩과　若菩薩法과

약독각　약독각법　약성문　약성문법　약
若獨覺과　若獨覺法과　若聲聞과　若聲聞法과　若

세간　약세간법　약출세간　약출세간법
世間과　若世間法과　若出世間과　若出世間法과

약중생　약중생법　유구일체지　어제법
若衆生과　若衆生法에　唯求一切智일새　於諸法

계　심무소착
界에　心無所著이니라

이시　불신력고　시방각일만불찰미진수세
爾時에　佛神力故로　十方各一萬佛刹微塵數世

계　육종진동
界가　六種震動하니라

도 얻은 것이 없다. 이른바 모든 부처님이나 모든 부처님법이나 보살이나 보살법이나 독각이나 독각법이나 성문이나 성문법이나 세간이나 세간법이나 출세간이나 출세간법이나 중생이나 중생법이다. 오직 일체지만 구할 뿐이므로 모든 법계에 마음이 집착하는 바가 없다.”

그때에 부처님의 위신력으로 시방의 각각 일만 부처님 세계 미진수의 세계가 여섯 가지로 진동하였다.

소위동   변동   등변동   기   변기   등변
所謂動과   徧動과   等徧動과   起와   徧起와   等徧

기   용   변용   등변용   진   변진   등변
起와 踊과   徧踊과   等徧踊과   震과   徧震과   等徧

진   후   변후   등변후   격   변격   등변
震과 吼와   徧吼와   等徧吼와   擊과   徧擊과   等徧

격
擊이요

우중천화   천향   천말향   천화만   천의
雨衆天華와   天香과   天末香과   天華鬘과   天衣와

천보   천장엄구   작천기악   방천광명
天寶와   天莊嚴具하며   作天妓樂하며   放天光明과

급천음성
及天音聲하니라

이른바 흔들흔들하고 두루 흔들흔들하고 온통 두루 흔들흔들하며, 들먹들먹하고 두루 들먹들먹하고 온통 두루 들먹들먹하며, 울쑥불쑥하고 두루 울쑥불쑥하고 온통 두루 울쑥불쑥하며, 우르르하고 두루 우르르하고 온통 두루 우르르하며, 와르릉하고 두루 와르릉하고 온통 두루 와르릉하며, 와지끈하고 두루 와지끈하고 온통 두루 와지끈하였다.

온갖 하늘꽃과 하늘향과 하늘가루향과 하늘화만과 하늘옷과 하늘보배와 하늘장엄거리를 비내리며, 하늘기악을 연주하고, 하늘광명을 놓으며, 하늘음성을 내었다.

시시　　시방각과십불찰미진수세계외　　　유
是時에 十方各過十佛刹微塵數世界外하야　有

만불찰미진수불　　　동명법혜　　각현기신
萬佛刹微塵數佛하시니 同名法慧라 各現其身하사

재법혜보살전　　　작여시언
在法慧菩薩前하야 作如是言하시니라

선재선재　　법혜　　여어금자　　능설차법
善哉善哉라 法慧여 汝於今者에 能說此法하나니

아등시방각만불찰미진수불　　　역설시법
我等十方各萬佛刹微塵數佛도 亦說是法이며

일체제불　　실여시설
一切諸佛도 悉如是說이시니라

여설차법시　　유만불찰미진수보살　　발보
汝說此法時에 有萬佛刹微塵數菩薩이 發菩

이때에 시방으로 각각 열 부처님 세계 미진 수의 세계 밖을 지나서 일만 부처님 세계 미진수의 부처님이 계시니 한가지로 명호가 법혜이시다. 각각 그 몸을 나타내시어 법혜 보살 앞에서 이와 같이 말씀하셨다.

"훌륭하고 훌륭하도다, 법혜여. 그대가 방금 능히 이 법을 말하였도다. 시방의 각각 일만 부처님 세계 미진수의 우리 부처님도 또한 이 법을 설하시고, 일체 모든 부처님도 다 이와 같이 설하신다.

그대가 이 법을 말할 때에 일만 부처님 세계

리심　　아등　금자　실수기기　어당래
提心하니 我等이 今者에 悉授其記호대 於當來

세　과천불가설무변겁　동일겁중　이
世에 過千不可說無邊劫하야 同一劫中에 而

득작불　출흥어세　개호청정심여래
得作佛하야 出興於世호대 皆号清淨心如來요

소주세계　각각차별
所住世界는 各各差別이니라

아등　실당호지차법　영미래세일체보살
我等이 悉當護持此法하야 令未來世一切菩薩의

미증문자　개실득문
未曾聞者로 皆悉得聞케호리라

여차사바세계사천하수미정상　설여시법
如此娑婆世界四天下須彌頂上에 說如是法하야

영제중생　문이수화　여시시방백천억
令諸衆生으로 聞已受化하야 如是十方百千億

미진수의 보살들이 있어 보리심을 내었으며, 우리들이 지금 모두 그들에게 수기를 주되, 미래세에 일천 말할 수 없는 가없는 겁을 지나서, 같은 겁 가운데서 부처를 이루어 세상에 출현하니 다 청정심여래라 이름하며, 머무르는 세계는 각각 차별하다.

우리들이 모두 마땅히 이 법을 보호하여 지녀서 미래세 일체 보살의 일찍이 듣지 못한 자들로 하여금 모두 다 듣게 할 것이다.

이 사바세계 사천하의 수미산 정상에서 이와 같은 법을 설하여 모든 중생들로 하여금 듣고서 교화를 받게 하는 것처럼, 이와 같이 시방

나유타　　무수무량무변무등　　불가수불가칭
那由他와　無數無量無邊無等과　不可數不可稱

불가사불가량불가설　　진법계허공계제세계
不可思不可量不可說인　盡法界虛空界諸世界

중　　　역설차법　　　교화중생
中에도　亦說此法하야　敎化衆生하나니라

기설법자　　동명법혜　　실이불신력고　　세존
其說法者가　同名法慧니　悉以佛神力故며　世尊

본원력고　　위욕현시불법고　　위이지광보조
本願力故며　爲欲顯示佛法故며　爲以智光普照

고
故니라

위욕개천실의고　　위령증득법성고　　위령
爲欲開闡實義故며　爲令證得法性故며　爲令

중회실환희고　　위욕개시불법인고　　위득
衆會悉歡喜故며　爲欲開示佛法因故며　爲得

의 백천억 나유타와 수없고, 한량없고, 가없고, 같음이 없고, 셀 수 없고, 일컬을 수 없고, 생각할 수 없고, 헤아릴 수 없고, 말할 수 없는 온 법계 허공계의 모든 세계 가운데서도 또한 이 법을 설하여 중생들을 교화한다.

그 법을 설하는 자는 한가지로 이름이 법혜이다. 모두 부처님의 위신력인 까닭이며, 세존의 본래 원력인 까닭이며, 부처님 법을 나타내 보이려 하기 위한 까닭이며, 지혜 광명으로써 널리 비추기 위한 까닭이다.

실상의 이치를 천명하려 하기 위한 까닭이며, 법의 성품을 증득케 하기 위한 까닭이며,

일체불평등고　위요법계무유이고　설여
一切佛平等故며　爲了法界無有二故로　說如

시법
是法이니라

이시　법혜보살　보관진허공계시방국토일
爾時에　法慧菩薩이　普觀盡虛空界十方國土一

체중회　욕실성취제중생고　욕실정치제
切衆會하고　欲悉成就諸衆生故며　欲悉淨治諸

업과보고　욕실개현청정법계고　욕실발
業果報故며　欲悉開顯淸淨法界故며　欲悉拔

제잡염근본고
除雜染根本故니라

욕실증장광대신해고　욕실령지무량중생
欲悉增長廣大信解故며　欲悉令知無量衆生

모인 대중들을 모두 환희케 하려는 까닭이며, 불법의 인을 열어 보이려 하기 위한 까닭이며, 일체 부처님의 평등을 얻기 위한 까닭이며, 법계가 둘이 없음을 알기 위한 까닭으로 이와 같은 법을 설한다."

그때에 법혜 보살이 온 허공계 시방국토의 일체 대중모임을 널리 관찰하고 모든 중생들을 모두 성취하려는 까닭이며, 모든 업과 과보를 모두 깨끗이 다스리려는 까닭이며, 청정한 법계를 모두 나타내려는 까닭이며, 뒤섞여 물든 근본을 모두 뽑아버리려는 까닭이다.

근고　　욕실령지삼세법평등고　　욕실령관
根故며　欲悉令知三世法平等故며　欲悉令觀

찰열반계고　　욕증장자청정선근고　　승불
察涅槃界故며　欲增長自淸淨善根故로　承佛

위력　　즉설송언
威力하사　卽說頌言하시니라

위 리 세 간 발 대 심　　　　기 심 보 변 어 시 방
爲利世閒發大心하니　其心普徧於十方의

중 생 국 토 삼 세 법　　　　불 급 보 살 최 승 해
衆生國土三世法과　佛及菩薩最勝海로다

넓고 큰 신심과 이해를 모두 증장하려는 까닭이며, 한량없는 중생들의 근기를 모두 알게 하려는 까닭이며, 삼세의 법이 평등함을 모두 알게 하려는 까닭이며, 열반의 세계를 모두 관찰하게 하려는 까닭이며, 스스로의 청정한 선근을 증장하려는 까닭으로, 부처님의 위신력을 받들어 곧 게송을 설하여 말씀하였다.

세간을 이롭게 하기 위해 큰마음을 내니
그 마음이 널리 시방의
중생과 국토와 삼세의 법과
부처님과 보살의 가장 수승한 바다에 두루하도다.

구경허공등법계
究竟虛空等法界의

소유일체제세간
所有一切諸世間에

여제불법개왕예
如諸佛法皆往詣하야

여시발심무퇴전
如是發心無退轉이로다

자념중생무잠사
慈念衆生無暫捨하야

이제뇌해보요익
離諸惱害普饒益하며

광명조세위소귀
光明照世爲所歸하니

십력호념난사의
十力護念難思議로다

시방국토실취입
十方國土悉趣入하야

일체색형개시현
一切色形皆示現호대

여불복지광무변
如佛福智廣無邊하야

수순수인무소착
隨順修因無所著이로다

허공의 구경인 평등한 법계의

있는 바 일체 모든 세간에

모든 부처님 법과 같이 다 나아가

이와 같이 발심하여 퇴전함이 없도다.

중생을 자애롭게 생각하여 잠시도 버리지 않고

모든 괴로움과 해침을 여의어 널리 요익케 하며

광명으로 세간을 비추어 귀의할 곳이 되니

십력으로 호념함이 사의하기 어렵도다.

시방의 국토에 모두 들어가서

일체 형색을 다 나타내 보이되

부처님의 복과 지혜가 넓고 가없듯이

수순하여 인행을 닦고 집착하는 바가 없도다.

유찰앙주혹방복
有刹仰住或傍覆이며

추묘광대무량종
麁妙廣大無量種이어든

보살일발최상심
菩薩一發最上心에

실능왕예개무애
悉能往詣皆無礙로다

보살승행불가설
菩薩勝行不可說을

개근수습무소주
皆勤修習無所住하며

견일체불상흔락
見一切佛常欣樂하야

보입어기심법해
普入於其深法海로다

애민오취제군생
哀愍五趣諸群生하야

영제구예보청정
令除垢穢普淸淨하며

소륭불종부단절
紹隆佛種不斷絶하고

최멸마궁무유여
摧滅魔宮無有餘로다

어떤 세계는 젖혀져 있고 혹은 붙어 있고 엎어져 있으며
거칠고 미묘하고 넓고 크고 한량없는 종류인데
보살이 한 번 최상의 마음을 내니
모두 능히 나아가 다 걸림이 없도다.

보살의 수승한 행은 말할 수 없으니
다 부지런히 닦아 익혀 머무르는 바 없고
일체 부처님을 친견하고 항상 기뻐하면서
그 깊은 법바다에 널리 들어가도다.

다섯 갈래의 모든 군생들을 가엾게 여겨
더러운 때를 없애 널리 청정하게 하며
부처님의 종성을 이어서 끊어지지 않게 하고
마군의 궁전을 부수어 남음이 없게 하도다.

이주여래평등성
已住如來平等性하야

선수미묘방편도
善修微妙方便道하며

어불경계기신심
於佛境界起信心하야

득불관정심무착
得佛灌頂心無著이로다

양족존소념보은
兩足尊所念報恩하야

심여금강불가저
心如金剛不可沮하며

어불소행능조료
於佛所行能照了하야

자연수습보리행
自然修習菩提行이로다

제취차별상무량
諸趣差別想無量과

업과급심역비일
業果及心亦非一과

내지근성종종수
乃至根性種種殊를

일발대심실명견
一發大心悉明見이로다

여래의 평등한 성품에 이미 머물러
미묘한 방편도를 잘 닦으며
부처님의 경계에 신심을 내어
부처님의 관정을 얻되 마음이 집착이 없도다.

양족존의 처소에 보은을 생각하여
마음이 금강과 같아 막을 수 없으며
부처님의 행 하시는 일 능히 비추어 알아서
자연히 보리행을 닦아 익히도다.

모든 갈래가 차별하여 생각이 한량없고
업과 과보와 마음도 하나가 아니며
내지 근기와 성품도 각각 다름을
큰마음 한 번 내어 모두 밝게 보도다.

기심광대등법계
其心廣大等法界하며

무의무변여허공
無依無變如虛空하니

취향불지무소취
趣向佛智無所取요

체료실제이분별
諦了實際離分別이로다

지중생심무생상
知衆生心無生想하며

요달제법무법상
了達諸法無法想하야

수보분별무분별
雖普分別無分別하고

억나유찰개왕예
億那由刹皆往詣로다

무량제불묘법장
無量諸佛妙法藏에

수순관찰실능입
隨順觀察悉能入하야

중생근행미부지
衆生根行靡不知하니

도여시처여세존
到如是處如世尊이로다

그 마음이 넓고 커서 법계와 같고
의지 없고 변함없어 허공과 같으며
부처님의 지혜에 향해도 취하는 바 없어
실제를 잘 알아서 분별을 여의었도다.

중생 마음을 알아도 중생이라는 생각이 없고
모든 법을 요달해도 법이라는 생각이 없으며
비록 널리 분별하여도 분별이 없어
억 나유타 세계에 다 나아가도다.

한량없는 모든 부처님의 묘한 법장에
수순하여 관찰하며 모두 능히 들어가서
중생의 근성과 행을 알지 못함이 없으니
이러한 곳에 이르름이 세존과 같도다.

청정대원항상응
淸淨大願恒相應하야

낙공여래불퇴전
樂供如來不退轉하니

인천견자무염족
人天見者無厭足이라

상위제불소호념
常爲諸佛所護念이로다

기심청정무소의
其心淸淨無所依하야

수관심법이불취
雖觀深法而不取라

여시사유무량겁
如是思惟無量劫하야

어삼세중무소착
於三世中無所著이로다

기심견고난제저
其心堅固難制沮라

취불보리무장애
趣佛菩提無障礙하며

지구묘도제몽혹
志求妙道除蒙惑이라

주행법계불고로
周行法界不告勞로다

청정한 큰 서원과 항상 서로 응하여
여래께 즐겨 공양올려 퇴전하지 않고
인간과 천신이 보는 이가 싫어함이 없어
늘 모든 부처님께서 호념하시는 바가 되도다.

그 마음이 청정하여 의지하는 데 없고
비록 깊은 법을 관하나 취하지 않으며
이와 같이 한량없는 겁을 사유하여도
삼세 가운데서 집착하는 바가 없도다.

그 마음이 견고하여 제어하기 어렵고
부처님의 보리에 나아감에 장애가 없으며
묘한 도리를 구하여 몽매한 의혹을 없애니
법계에 두루 다녀도 피로하다 하지 않도다.

지어언법개적멸
知語言法皆寂滅하야

단입진여절이해
但入眞如絶異解하며

제불경계실순관
諸佛境界悉順觀하야

달어삼세심무애
達於三世心無礙로다

보살시발광대심
菩薩始發廣大心에

즉능변왕시방찰
卽能徧往十方刹하야

법문무량불가설
法門無量不可說을

지광보조개명료
智光普照皆明了로다

대비광도최무비
大悲廣度最無比하며

자심보변등허공
慈心普徧等虛空호대

이어중생불분별
而於衆生不分別하야

여시청정유어세
如是淸淨遊於世로다

언어의 법이 다 적멸함을 알아서
다만 진여에 들어가고 다른 이해를 끊었으니
모든 부처님의 경계를 모두 따라 관찰하고
삼세를 통달하여 마음에 걸림이 없도다.

보살이 비로소 넓고 큰 마음을 내어
곧 시방세계에 능히 두루 가서
법문이 한량없어 말할 수 없음을
지혜 광명으로 널리 비추어 다 밝게 알도다.

대비로 널리 제도하심이 가장 비할 데 없고
자애로운 마음이 널리 두루하여 허공과 같아서
중생들에게 분별하지 아니하니
이와 같이 청정하게 세간에 노닐도다.

시방중생실위안
十方衆生悉慰安하며

일체소작개진실
一切所作皆眞實이라

항이정심불이어
恒以淨心不異語로

상위제불공가호
常爲諸佛共加護로다

과거소유개억념
過去所有皆憶念하고

미래일체실분별
未來一切悉分別하야

시방세계보입중
十方世界普入中하니

위도중생영출리
爲度衆生令出離로다

보살구족묘지광
菩薩具足妙智光하야

선료인연무유의
善了因緣無有疑라

일체미혹개제단
一切迷惑皆除斷하고

여시이유어법계
如是而遊於法界로다

시방의 중생들을 모두 위안하고
일체의 짓는 일이 다 진실하며
언제나 깨끗한 마음으로 다른 말 없어
항상 모든 부처님의 한 가지 가호하심이 되도다.

과거에 있던 일을 다 기억하고
미래의 일체를 모두 분별하며
시방세계에 그 가운데 널리 들어가
중생들을 제도하여 벗어나게 하도다.

보살이 묘한 지혜 광명을 구족하여
인연을 잘 알아 의심이 없으며
일체 미혹을 다 끊어 없애고
이와 같이 법계에 노닐도다.

마왕궁전실최파
魔王宮殿悉摧破하고

중생예막함제멸
衆生翳膜咸除滅하며

이제분별심부동
離諸分別心不動하야

선료여래지경계
善了如來之境界로다

삼세의망실이제
三世疑網悉已除하고

어여래소기정신
於如來所起淨信하야

이신득성부동지
以信得成不動智하니

지청정고해진실
智清淨故解眞實이로다

위령중생득출리
爲令衆生得出離하야

진어후제보요익
盡於後際普饒益호대

장시근고심무염
長時勤苦心無厭하며

내지지옥역안수
乃至地獄亦安受로다

마왕의 궁전들을 모두 부숴 버리고
중생의 가린 막을 모두 없애며
모든 분별을 여의고 마음이 동요하지 아니하여
여래의 경계를 잘 알도다.

삼세의 의심그물을 모두 이미 없애고
여래의 처소에서 청정한 신심을 내어
믿음으로 부동의 지혜를 이루었으니
지혜가 청정한 까닭에 이해도 진실하도다.

중생들이 벗어남을 얻게 하기 위하여
미래제가 다하도록 널리 요익케 하되
긴 세월 애를 써도 마음이 싫어함이 없으며
내지 지옥도 또한 편안히 받아들이도다.

복지무량개구족
福智無量皆具足하고

중생근욕실요지
衆生根欲悉了知하며

급제업행무불견
及諸業行無不見하야

여기소락위설법
如其所樂爲說法이로다

요지일체공무아
了知一切空無我하고

자념중생항불사
慈念衆生恒不捨하야

이일대비미묘음
以一大悲微妙音으로

보입세간이연설
普入世間而演說이로다

방대광명종종색
放大光明種種色하야

보조중생제흑암
普照衆生除黑闇하니

광중보살좌연화
光中菩薩坐蓮華하야

위중천양청정법
爲衆闡揚淸淨法이로다

한량없는 복과 지혜를 모두 구족하고
중생들의 근기와 욕망을 모두 분명히 알며
모든 업과 행동을 보지 않음이 없어서
그 즐겨하는 바와 같이 법을 설하도다.

일체가 공하여 무아임을 분명히 알되
자애로 중생들을 생각하여 항상 버리지 않고
한 대비의 미묘한 음성으로
세간에 널리 들어가서 연설하도다.

갖가지 빛깔의 큰 광명을 놓아서
중생들을 널리 비추어 암흑을 없애니
광명 속에 보살이 연꽃에 앉아서
대중들을 위해 청정한 법을 천양하도다.

어일모단현중찰
於一毛端現衆刹하야

제대보살개충만
諸大菩薩皆充滿하니

중회지혜각부동
衆會智慧各不同이어늘

실능명료중생심
悉能明了衆生心이로다

시방세계불가설
十方世界不可說에

일념주행무부진
一念周行無不盡하야

이익중생공양불
利益衆生供養佛하고

어제불소문심의
於諸佛所問深義로다

어제여래작부상
於諸如來作父想하야

위리중생수각행
爲利衆生修覺行하며

지혜선교통법장
智慧善巧通法藏하야

입심지처무소착
入深智處無所著이로다

한 터럭 끝에 나타낸 온갖 세계에
모든 큰 보살들이 다 충만한데
모인 대중들의 지혜가 각각 같지 아니하나
모두 능히 중생 마음을 밝게 알도다.

시방세계가 불가설이나
한 생각에 두루 다녀 다하지 않음이 없어
중생들을 이롭게 하며 부처님께 공양올리고
모든 부처님 처소에서 깊은 뜻을 묻도다.

모든 여래께 아버지라는 생각을 짓고
중생들을 이롭게 하기 위하여 깨달음의 행을 닦으며
지혜의 선교로 법장을 통달하여
깊은 지혜에 들어가도 집착하는 바가 없도다.

수순사유설법계
隨順思惟說法界를

경무량겁불가진
經無量劫不可盡하며

지수선입무처소
智雖善入無處所나

무유피염무소착
無有疲厭無所著이로다

삼세제불가중생
三世諸佛家中生하야

증득여래묘법신
證得如來妙法身하고

보위군생현중색
普爲群生現衆色이

비여환사무부작
譬如幻師無不作이라

혹현시수수승행
或現始修殊勝行하고

혹현초생급출가
或現初生及出家하며

혹현수하성보리
或現樹下成菩提하고

혹위중생시열반
或爲衆生示涅槃이로다

수순하여 사유하고 법계를 설하는 것이
한량없는 겁을 지내도 다할 수 없고
지혜로 비록 잘 들어가나 처소가 없으며
피로해하거나 싫어함이 없고 집착도 없도다.

삼세의 모든 부처님 집에 태어나서
여래의 묘한 법신을 증득하였고
널리 군생들을 위해 여러 몸을 나타내니
마치 마술사가 짓지 못함이 없는 것과 같도다.

혹은 수승한 행을 비로소 닦음을 나타내고
혹은 처음 태어나고 출가함을 나타내며
혹은 보리수 아래에서 보리 이룸을 나타내며
혹은 중생들을 위하여 열반을 보이도다.

보살소주희유법
菩薩所住希有法은

유불경계비이승
唯佛境界非二乘이라

신어의상개이제
身語意想皆已除하고

종종수의실능현
種種隨宜悉能現이로다

보살소득제불법
菩薩所得諸佛法은

중생사유발광란
衆生思惟發狂亂이라

지입실제심무애
智入實際心無礙하야

보현여래자재력
普現如來自在力이로다

차어세간무여등
此於世間無與等이어든

하황부증수승행
何況復增殊勝行가

수미구족일체지
雖未具足一切智나

이획여래자재력
已獲如來自在力하며

보살이 머무르는 바 희유한 법은
오직 부처님의 경계이고 이승이 아니니
몸과 말과 뜻과 생각을 다 이미 없애고
갖가지로 마땅함을 따라 모두 능히 나타내도다.

보살이 얻은 바 모든 부처님 법은
중생이 사유하면 광란을 일으키나
지혜로 실제에 들어가 마음이 걸림이 없어
여래의 자재한 힘을 널리 나타내도다.

이것도 세간에서 더불어 같음이 없는데
어찌 하물며 다시 더욱 수승한 행이겠는가
비록 일체 지혜를 구족하지는 못하였으나
이미 여래의 자재한 힘을 얻었도다.

이주구경일승도
已住究竟一乘道하야

심입미묘최상법
深入微妙最上法하니

선지중생시비시
善知衆生時非時하야

위이익고현신통
爲利益故現神通호대

분신변만일체찰
分身徧滿一切刹하야

방정광명제세암
放淨光明除世闇이로다

비여용왕기대운
譬如龍王起大雲하야

보우묘우실충흡
普雨妙雨悉充洽이라

관찰중생여환몽
觀察衆生如幻夢하야

이업력고상유전
以業力故常流轉이로다

대비애민함구발
大悲哀愍咸救拔하야

위설무위정법성
爲說無爲淨法性하니

이미 구경의 일승도에 머물러
미묘하고 가장 높은 법에 깊이 들어가
중생들의 때와 때 아님을 잘 알아서
이롭게 하기 위하여 신통을 나타내도다.

분신이 일체 세계에 두루 가득하여
청정한 광명을 놓아 세상의 어두움을 없애니
마치 용왕이 큰 구름을 일으켜서
묘한 비를 널리 내려 모두 충분히 적심과 같도다.

중생들이 환몽과 같아서
업력으로 항상 유전함을 관찰하고
대비로 가엾게 여겨 모두 구제하여
함이 없는 청정한 법성을 설하도다.

불력무량차역연
佛力無量此亦然이라

비여허공무유변
譬如虛空無有邊이라

위령중생득해탈
爲令衆生得解脫하야

억겁근수이불권
億劫勤修而不倦하며

종종사유묘공덕
種種思惟妙功德하야

선수무상제일업
善修無上第一業하며

어제승행항불사
於諸勝行恒不捨하야

전념생성일체지
專念生成一切智로다

일신시현무량신
一身示現無量身하야

일체세계실주변
一切世界悉周徧호대

기심청정무분별
其心清淨無分別하니

일념난사력여시
一念難思力如是로다

부처님 힘이 한량없으니 이 또한 그러해

마치 허공이 끝이 없음과 같고

중생들이 해탈을 얻게 하기 위하여

억겁 동안 부지런히 수행하여 게으르지 않도다.

갖가지 미묘한 공덕을 사유하여

위없는 제일가는 업을 잘 닦아서

모든 수승한 행을 항상 버리지 아니하고

오로지 일체지를 이룰 것만 생각하도다.

한 몸으로 한량없는 몸을 나타내 보여

일체 세계에 모두 두루하여도

그 마음은 청정하여 분별없으니

한 생각의 사의하기 어려운 힘이 이와 같도다.

어제세간불분별
於諸世間不分別하며

어일체법무망상
於一切法無妄想하야

수관제법이불취
雖觀諸法而不取라

항구중생무소도
恒救衆生無所度로다

일체세간유시상
一切世間唯是想이라

어중종종각차별
於中種種各差別하니

지상경계험차심
知想境界險且深하야

위현신통이구탈
爲現神通而救脫이로다

비여환사자재력
譬如幻師自在力하야

보살신변역여시
菩薩神變亦如是라

신변법계급허공
身徧法界及虛空하야

수중생심미불견
隨衆生心靡不見이로다

모든 세간을 분별하지 않으며

일체 법에 망상이 없어서

비록 모든 법을 관하되 취하지 않고

항상 중생을 구제해도 제도한 바가 없도다.

일체 세간은 오직 이 생각뿐이나

그 가운데 갖가지로 각각 차별하니

생각의 경계가 험하고 또 깊은 줄 알아서

신통을 나타내어 구제해 해탈케 하도다.

마치 마술사의 자재한 힘과 같이

보살의 신통 변화도 또한 이와 같아서

몸이 법계와 허공에 두루하여

중생 마음 따라 보이지 아니함이 없도다.

능소분별이구리
能所分別二俱離하며

잡염청정무소취
雜染淸淨無所取하며

약박약해지실망
若縛若解智悉忘하고

단원보여중생락
但願普與衆生樂이로다

일체세간유상력
一切世間唯想力이라

이지이입심무외
以智而入心無畏하며

사유제법역부연
思惟諸法亦復然하야

삼세추구불가득
三世推求不可得이로다

능입과거필전제
能入過去畢前際하고

능입미래필후제
能入未來畢後際하며

능입현재일체처
能入現在一切處하야

상근관찰무소유
常勤觀察無所有로다

분별의 주체와 대상 둘 다 여의고
물들고 청정함을 취하는 바 없으며
속박이나 해탈을 지혜로 모두 잊고서
다만 널리 중생들에게 안락 주기를 원하도다.

일체 세간이 오직 생각의 힘일 뿐이라
지혜로 들어가 마음이 두려움이 없으며
모든 법을 사유함도 또한 다시 그러하여
삼세에 추구하여도 얻을 수 없도다.

과거에 능히 들어가 과거를 다 마치고
미래에 능히 들어가 미래를 다 마치며
현재의 일체 곳에 능히 들어가
항상 부지런히 관찰해도 있는 것 없도다.

수순열반적멸법
隨順涅槃寂滅法하야

주어무쟁무소의
住於無諍無所依하며

심여실제무여등
心如實際無與等하야

전향보리영불퇴
專向菩提永不退로다

수제승행무퇴겁
修諸勝行無退怯하고

안주보리부동요
安住菩提不動搖하야

불급보살여세간
佛及菩薩與世間과

진어법계개명료
盡於法界皆明了로다

욕득최승제일도
欲得最勝第一道하야

위일체지해탈왕
爲一切智解脫王인댄

응당속발보리심
應當速發菩提心하야

영진제루이군생
永盡諸漏利群生이어다

열반의 적멸한 법을 수순하여
다툼 없고 의지할 곳 없는 데에 머무르며
마음이 실제와 같아 더불어 같음이 없어서
오로지 보리를 향해 길이 물러나지 않도다.

모든 수승한 행을 닦아 물러나 겁냄이 없고
보리에 안주하여 동요하지 않으며
부처님과 보살과 더불어 세간과
온 법계를 다 분명히 알도다.

가장 수승하고 제일인 도를 얻어서
일체 지혜의 해탈왕이 되고자 하면
마땅히 보리심을 빨리 내어서
모든 번뇌를 길이 끊고 군생들을 이익케 할지어다.

취향보리심청정
趣向菩提心淸淨하며

공덕광대불가설
功德廣大不可說이라

위리중생고칭술
爲利衆生故稱述하노니

여등제현응선청
汝等諸賢應善聽이어다

무량세계진위진
無量世界盡爲塵하야

일일진중무량찰
一一塵中無量刹이어든

기중제불개무량
其中諸佛皆無量을

실능명견무소취
悉能明見無所取로다

선지중생무생상
善知衆生無生想하며

선지언어무어상
善知言語無語想하고

어제세계심무애
於諸世界心無礙하야

실선료지무소착
悉善了知無所著이로다

보리를 향해 나아가는 마음이 청정하며
공덕이 넓고 커서 말할 수 없으나
중생을 이롭게 하기 위해 말하노니
그대들 모든 어진이들은 마땅히 잘 들을지어다.

한량없는 세계를 다 티끌 만들고
낱낱 티끌 속에 한량없는 세계인데
그 가운데 모든 부처님께서 다 한량없으심을
모두 능히 밝게 보아도 취할 바가 없도다.

중생을 잘 알아도 중생이라는 생각이 없고
언어를 잘 알아도 언어라는 생각이 없으며
모든 세계에 마음이 걸림이 없어서
모두 잘 분명히 알아 집착할 바가 없도다.

기심광대여허공
其心廣大如虛空하야

어삼세사실명달
於三世事悉明達하고

일체의혹개제멸
一切疑惑皆除滅하야

정관불법무소취
正觀佛法無所取로다

시방무량제국토
十方無量諸國土에

일념왕예심무착
一念往詣心無著하야

요달세간중고법
了達世間衆苦法이

실주무생진실제
悉住無生眞實際로다

무량난사제불소
無量難思諸佛所에

실왕피회이근알
悉往彼會而覲謁하고

상위상수문여래
常爲上首問如來

보살소수제원행
菩薩所修諸願行이로다

그 마음이 넓고 커서 허공과 같아

삼세의 일을 모두 밝게 통달하고

일체 의혹을 다 없애버려서

불법을 바로 보아 취할 바가 없도다.

시방의 한량없는 모든 국토에

한 생각에 나아가 마음이 집착함이 없어서

세간의 온갖 괴로운 법이 모두

남이 없는 진실제에 머무름을 분명히 통달하였도다.

한량없고 생각하기 어려운 모든 부처님 처소에

그 회상에 모두 나아가 뵈옵고

항상 상수가 되어서 여래께

보살이 닦는 모든 원행을 묻도다.

심상억념시방불
心常憶念十方佛호대

이무소의무소취
而無所依無所取하고

항권중생종선근
恒勸衆生種善根하야

장엄국토영청정
莊嚴國土令淸淨이라

일체취생삼유처
一切趣生三有處에

이무애안함관찰
以無礙眼咸觀察하고

소유습성제근해
所有習性諸根解의

무량무변실명견
無量無邊悉明見이라

중생심락실요지
衆生心樂悉了知하야

여시수의위설법
如是隨宜爲說法하며

어제염정개통달
於諸染淨皆通達하야

영피수치입어도
令彼修治入於道라

마음은 항상 시방의 부처님을 생각하되
의지할 바도 없고 취할 바도 없으며
항상 중생에게 권하여 선근을 심어서
국토를 장엄하여 청정하게 하도다.

일체 갈래의 중생과 삼유의 세계를
걸림 없는 눈으로 다 관찰하고
있는 바 습성과 모든 근기와 이해의
한량없고 가없음을 모두 밝게 보도다.

중생들의 욕락을 모두 분명히 알아서
이와 같이 마땅함을 따라 법을 설하며
모든 물들고 깨끗함을 다 통달하여
그들에게 닦아 다스려 도에 들게 하도다.

무량무수제삼매
無量無數諸三昧에

보살일념개능입
菩薩一念皆能入하고

어중상지급소연
於中想智及所緣을

실선요지득자재
悉善了知得自在로다

보살획차광대지
菩薩獲此廣大智하야

질향보리무소애
疾向菩提無所礙하며

위욕이익제군생
爲欲利益諸群生하야

처처선양대인법
處處宣揚大人法이로다

선지세간장단겁
善知世間長短劫과

일월반월급주야
一月半月及晝夜와

국토각별성평등
國土各別性平等하야

상근관찰불방일
常勤觀察不放逸이로다

한량없고 수없는 모든 삼매에
보살이 한 생각에 다 능히 들었고
그 가운데 생각하는 지혜와 반연할 것을
모두 잘 분명히 알아서 자재함을 얻도다.

보살이 이 넓고 큰 지혜를 얻어서
빨리 보리로 향하는 데에 걸리는 바가 없으며
모든 군생들을 이롭게 하고자 하여
곳곳에서 대인의 법을 선양하도다.

세간의 길고 짧은 겁과
한 달 반달과 낮밤과
국토가 각각 다르나 성품은 평등함을 잘 알아서
항상 부지런히 관찰하여 방일하지 않도다.

보예시방제세계
普詣十方諸世界호대

이어방처무소취
而於方處無所取하며

엄정국토실무여
嚴淨國土悉無餘호대

역부증생정분별
亦不曾生淨分別이로다

중생시처약비처
衆生是處若非處와

급이제업감보별
及以諸業感報別이여

수순사유입불력
隨順思惟入佛力하야

어차일체실요지
於此一切悉了知로다

일체세간종종성
一切世間種種性과

종종소행주삼유
種種所行住三有와

이근급여중하근
利根及與中下根이여

여시일체함관찰
如是一切咸觀察이로다

시방의 모든 세계에 널리 나아가도
방소와 처소에 취하는 것이 없고
남김없이 국토를 깨끗이 장엄하여도
또한 일찍이 깨끗하다는 분별을 내지 않도다.

중생의 옳은 도리와 그른 도리와
모든 업으로 받은 과보가 다른 것을
수순하고 사유하여 부처님의 힘에 들어가
여기에서 일체를 모두 분명히 알도다.

일체 세간의 갖가지 성품과
갖가지 소행으로 삼유에 머무름과
예리한 근기와 더불어 중근기 하근기와
이와 같은 일체를 다 관찰하도다.

정여부정종종해
淨與不淨種種解와

승렬급중실명견
勝劣及中悉明見하며

일체중생지처행
一切衆生至處行과

삼유상속개능설
三有相續皆能說이로다

선정해탈제삼매
禪定解脫諸三昧와

염정인기각부동
染淨因起各不同과

급이선세고락수
及以先世苦樂殊를

정수불력함능견
淨修佛力咸能見이로다

중생업혹속제취
衆生業惑續諸趣와

단차제취득적멸
斷此諸趣得寂滅과

종종루법영불생
種種漏法永不生과

병기습종실요지
幷其習種悉了知로다

깨끗하고 깨끗하지 못한 갖가지 이해와
수승하고 하열함과 중간을 모두 밝게 보며
일체 중생이 행으로 이르러 갈 곳과
삼유가 상속함을 다 능히 말하도다.

선정과 해탈과 모든 삼매의
물들고 깨끗한 인의 일어남이 각각 다르고
앞선 세대의 괴로움과 즐거움이 다름을
부처님의 힘을 깨끗이 닦아 다 능히 보도다.

중생의 미혹과 업으로 모든 갈래에 이어짐과
이 모든 갈래를 끊고 적멸을 얻음과
갖가지 번뇌법이 길이 나지 않음과
아울러 그 습기와 종자를 모두 분명히 알도다.

여래번뇌개제진
如來煩惱皆除盡하사

대지광명조어세
大智光明照於世하시니

보살어불십력중
菩薩於佛十力中에

수미증득역무의
雖未證得亦無疑로다

보살어일모공중
菩薩於一毛孔中에

보현시방무량찰
普現十方無量刹하니

혹유잡염혹청정
或有雜染或清淨이라

종종업작개능료
種種業作皆能了로다

일미진중무량찰
一微塵中無量刹에

무량제불급불자
無量諸佛及佛子와

제찰각별무잡란
諸刹各別無雜亂을

여일일체실명견
如一一切悉明見이로다

여래는 번뇌를 다 없애셔서
대지혜 광명이 세상을 비추니
보살이 부처님의 열 가지 힘에
비록 아직 증득하지 못했으나 또한 의심이 없도다.

보살이 한 모공 가운데
시방의 한량없는 세계를 널리 나타내니
혹 어떤 세계는 잡되고 물들며 혹은 청정해
갖가지 업 지음을 다 능히 알도다.

한 미진 중의 한량없는 세계에
한량없는 부처님과 불자들과
모든 세계들이 각각 달라도 잡란하지 않아
하나처럼 일체를 모두 밝게 보도다.

어일모공견시방
於一毛孔見十方의

진허공계제세간
盡虛空界諸世間하니

무유일처공무불
無有一處空無佛이라

여시불찰실청정
如是佛刹悉淸淨이로다

어모공중견불찰
於毛孔中見佛刹하며

부견일체제중생
復見一切諸衆生과

삼세육취각부동
三世六趣各不同과

주야월시유박해
晝夜月時有縛解로다

여시대지제보살
如是大智諸菩薩이

전심취향법왕위
專心趣向法王位하야

어불소주순사유
於佛所住順思惟하고

이획무변대환희
而獲無邊大歡喜로다

한 모공에서 시방의
온 허공계 모든 세간을 보니
한 곳도 텅 비어 부처님 안 계신 곳이 없어서
이와 같이 불세계가 모두 청정하도다.

모공 속에서 부처님 세계를 보고
다시 일체 모든 중생들을 보니
삼세의 여섯 갈래가 각각 같지 않으며
낮밤과 달에 때때로 속박과 해탈이 있도다.

이와 같은 큰 지혜의 모든 보살들이
전심으로 법왕 지위에 향해 나아가
부처님께서 머무르신 바를 따라 사유하고
가없는 큰 환희를 얻었도다.

보살분신무량억
菩薩分身無量億하야

공양일체제여래
供養一切諸如來하며

신통변현승무비
神通變現勝無比하야

불소행처개능주
佛所行處皆能住로다

무량불소개찬앙
無量佛所皆鑽仰하며

소유법장실탐미
所有法藏悉耽味하며

견불문법근수행
見佛聞法勤修行을

여음감로심환희
如飲甘露心歡喜로다

이획여래승삼매
已獲如來勝三昧하야

선입제법지증장
善入諸法智增長하며

신심부동여수미
信心不動如須彌하야

보작군생공덕장
普作群生功德藏이로다

보살의 분신들이 한량없는 억이라

일체 모든 여래께 공양올리며

신통 변화 나타냄이 수승하여 비할 데 없어

부처님께서 행하신 곳에 다 능히 머무르도다.

한량없는 부처님 처소에서 다 깊이 공부하며

있는 바 법장을 모두 깊이 맛보며

부처님을 친견하고 법문을 들어 부지런히 수행하니

감로수를 마신 듯이 마음이 환희하도다.

여래의 수승한 삼매를 이미 얻어서

모든 법에 잘 들어가 지혜가 증장하며

신심이 동요하지 않음이 수미산 같아서

군생들의 공덕장을 널리 짓도다.

자심광대변중생
慈心廣大徧衆生하야

실원질성일체지
悉願疾成一切智호대

이항무착무의처
而恒無著無依處하야

이제번뇌득자재
離諸煩惱得自在로다

애민중생광대지
哀愍衆生廣大智로

보섭일체동어기
普攝一切同於己하야

지공무상무진실
知空無相無眞實호대

이행기심불해퇴
而行其心不懈退로다

보살발심공덕량
菩薩發心功德量은

억겁칭양불가진
億劫稱揚不可盡이니

이출일체제여래
以出一切諸如來와

독각성문안락고
獨覺聲聞安樂故로다

자애로운 마음이 넓고 커서 중생들에게 두루하여
모두 일체지를 빨리 이루기를 원하되
언제나 집착함이 없고 의지한 데 없어서
모든 번뇌를 여의어 자재함을 얻었도다.

중생을 가엾게 여기는 넓고 큰 지혜로
일체를 널리 거두어 내 몸과 같게 하여
공하고 모양 없고 진실함이 없음을 알되
그 마음을 행하여서 게을러 물러나지 않도다.

보살이 발심한 공덕의 양은
억겁을 칭찬해도 다할 수 없으니
일체 모든 여래와
독각과 성문의 안락을 출생하기 때문이로다.

시방국토제중생
十方國土諸衆生에

개실시안무량겁
皆悉施安無量劫하고

권지오계급십선
勸持五戒及十善과

사선사등제정처
四禪四等諸定處하며

부어다겁시안락
復於多劫施安樂하고

영단제혹성나한
令斷諸惑成羅漢하면

피제복취수무량
彼諸福聚雖無量이나

불여발심공덕비
不與發心功德比로다

우교억중성연각
又敎億衆成緣覺하야

획무쟁행미묘도
獲無諍行微妙道라도

이피이교보리심
以彼而校菩提心컨댄

산수비유무능급
籌數譬諭無能及이로다

시방 국토의 모든 중생들에게

모두 다 한량없는 겁 동안 안락을 보시하고

오계와 십선과 사선과 사무량심과

모든 선정을 권하여 지니게 하며

다시 많은 겁에 안락을 보시하고

모든 미혹을 끊고 아라한을 이루게 하면

저 모든 복더미가 비록 한량없으나

발심한 공덕과는 비할 수 없도다.

또 억 중생을 가르쳐서 연각을 이루며

다툼 없는 행의 미묘한 도를 얻게 하여도

그것으로써 보리심에 비교한다면

산수나 비유로도 능히 미치지 못하도다.

일념능과진수찰
一念能過塵數刹하야

여시경어무량겁
如是經於無量劫이라도

차제찰수상가량
此諸刹數尙可量이어니와

발심공덕불가지
發心功德不可知로다

과거미래급현재
過去未來及現在의

소유겁수무변량
所有劫數無邊量이나

차제겁수유가지
此諸劫數猶可知어니와

발심공덕무능측
發心功德無能測이니

이보리심변시방
以菩提心徧十方하야

소유분별미부지
所有分別靡不知하며

일념삼세실명달
一念三世悉明達하야

이익무량중생고
利益無量衆生故로다

한 생각에 티끌 수의 세계를 능히 지나고
이와 같이 한량없는 겁을 지낼지라도
이 모든 세계의 수효는 오히려 헤아릴 수 있어도
발심한 공덕은 알지 못하도다.

과거와 미래와 현재의
있는 바 겁의 수효는 그지없으나
이 모든 겁의 수효는 오히려 알 수 있어도
발심한 공덕은 능히 측량하지 못하도다.

보리심으로 시방에 두루하여서
있는 바 분별을 모두 다 알고
한 생각에 삼세를 모두 밝게 통달하여
한량없는 중생들을 이익케 한 까닭이로다.

시방세계제중생
十方世界諸衆生의

욕해방편의소행
欲解方便意所行과

급이허공제가측
及以虛空際可測이어니와

발심공덕난지량
發心功德難知量이니

보살지원등시방
菩薩志願等十方하며

자심보흡제군생
慈心普洽諸群生하야

실사수성불공덕
悉使修成佛功德일새

시고기력무변제
是故其力無邊際로다

중생욕해심소락
衆生欲解心所樂과

제근방편행각별
諸根方便行各別을

어일념중실요지
於一念中悉了知하야

일체지지심동등
一切智智心同等이로다

시방세계 모든 중생들의
욕망과 이해와 방편과 뜻의 소행과
그리고 허공의 경계까지 측량할 수 있어도
발심한 공덕은 양을 알기 어렵도다.

보살의 뜻과 원이 시방과 같으며
자애로운 마음이 모든 군생들을 널리 적셔서
모두 부처님의 공덕을 닦아 이루게 하니
그러므로 그 힘이 끝이 없도다.

중생들의 욕망과 이해와 마음이 즐겨하는 것과
모든 근성과 방편과 행이 각각 다름을
한 생각에 모두 분명히 알아서
일체 지혜의 지혜와 마음이 동등하도다.

일체중생제혹업
一切衆生諸惑業으로

삼유상속무잠단
三有相續無暫斷하니

차제변제상가지
此諸邊際尙可知어니와

발심공덕난사의
發心功德難思議로다

발심능리업번뇌
發心能離業煩惱하야

공양일체제여래
供養一切諸如來니

업혹기리상속단
業惑旣離相續斷하야

보어삼세득해탈
普於三世得解脫이로다

일념공양무변불
一念供養無邊佛하며

역공무수제중생
亦供無數諸衆生호대

실이향화급묘만
悉以香華及妙鬘과

보당번개상의복
寶幢幡蓋上衣服과

일체 중생의 모든 미혹과 업으로
삼유가 상속하여 잠깐도 끊어짐이 없으니
이 모든 끝 간 데는 오히려 알 수 있어도
발심한 공덕은 사의하기 어렵도다.

발심으로 업과 번뇌를 능히 여의고
일체의 모든 여래께 공양올리니
업과 미혹을 이미 여의어 상속이 끊어져서
널리 삼세에서 해탈을 얻도다.

한 생각에 가없는 부처님께 공양올리고
또한 수없는 모든 중생들에게 공양하되
모두 향과 꽃과 미묘한 화만과
보배 깃대와 깃발과 일산과 좋은 의복과

미식진좌경행처
美食珍座經行處와

종종궁전실엄호
種種宮殿悉嚴好와

비로자나묘보주
毘盧遮那妙寶珠와

여의마니발광요
如意摩尼發光耀로

염념여시지공양
念念如是持供養하야

경무량겁불가설
經無量劫不可說하면

기인복취수부다
其人福聚雖復多나

불급발심공덕대
不及發心功德大로다

소설종종중비유
所說種種衆譬諭가

무유능급보리심
無有能及菩提心이니

이제삼세인중존
以諸三世人中尊이

개종발심이득생
皆從發心而得生이라

좋은 음식과 보배 자리와 경행하는 곳과
갖가지 궁전이 모두 장엄하여 아름다움과
비로자나의 미묘한 보배 구슬과
여의 마니의 찬란한 광명으로

생각생각 이와 같이 공양올려서
한량없고 말할 수 없는 겁을 지내면
그 사람의 복더미가 비록 많으나
발심한 공덕이 큼에는 미치지 못하도다.

말한 바 갖가지 온갖 비유들로도
보리심에는 능히 미치지 못하니
모든 삼세의 사람들 가운데 존귀하신 분이
다 발심으로부터 나심이로다.

발심무애무제한
發心無礙無齊限하니

욕구기량불가득
欲求其量不可得이니

일체지지서필성
一切智智誓必成하며

소유중생개영도
所有衆生皆永度하니라

발심광대등허공
發心廣大等虛空이요

생제공덕동법계
生諸功德同法界하니

소행보변여무이
所行普徧如無異하야

영리중착불평등
永離衆著佛平等이라

일체법문무불입
一切法門無不入하고

일체국토실능왕
一切國土悉能往하며

일체지경함통달
一切智境咸通達하고

일체공덕개성취
一切功德皆成就하며

발심은 걸림 없고 제한이 없으니
그 양을 구하려 하여도 얻지 못하고
일체 지혜의 지혜를 맹세코 반드시 이루어
있는 바 중생들을 다 길이 제도하도다.

발심은 넓고 커서 허공과 같고
모든 공덕을 냄은 법계와 같으니
행하는 바가 널리 두루 같아 다름이 없어서
온갖 집착을 길이 여의어 부처님과 평등하도다.

일체 법문에 들어가지 못함이 없고
일체 국토에 모두 능히 나아갔으며
일체 지혜의 경계를 다 통달하였고
일체 공덕을 다 성취하였도다.

일체능사항상속
一切能捨恒相續하고

정제계품무소착
淨諸戒品無所著이며

구족무상대공덕
具足無上大功德하고

상근정진불퇴전
常勤精進不退轉하며

입심선정항사유
入深禪定恒思惟하고

광대지혜공상응
廣大智慧共相應이라

차시보살최승지
此是菩薩最勝地에

출생일체보현도
出生一切普賢道라

삼세일체제여래
三世一切諸如來가

미불호념초발심
靡不護念初發心이라

실이삼매다라니
悉以三昧陀羅尼와

신통변화공장엄
神通變化共莊嚴하니

일체를 능히 버림을 항상 계속하고
모든 계품을 청정하게 하여 집착하는 바가 없으며
위없는 큰 공덕을 구족하고
항상 부지런히 정진하여 퇴전함이 없도다.

깊은 선정에 들어가서 항상 사유하고
넓고 큰 지혜와 한가지로 서로 응하니
이것은 보살들의 가장 수승한 지위이며
일체 보현의 도를 출생하도다.

삼세의 일체 모든 여래께서
초발심한 이를 다 호념하시며
모두 삼매와 다라니와
신통과 변화로써 한가지로 장엄하도다.

시방중생무유량
十方衆生無有量이며

세계허공역여시
世界虛空亦如是어든

발심무량과어피
發心無量過於彼일새

시고능생일체불
是故能生一切佛이로다

보리심시십력본
菩提心是十力本이요

역위사변무외본
亦爲四辯無畏本이며

십팔불공역부연
十八不共亦復然하니

막불개종발심득
莫不皆從發心得이로다

제불색상장엄신
諸佛色相莊嚴身과

급이평등묘법신
及以平等妙法身과

지혜무착소응공
智慧無著所應供이

실이발심이득유
悉以發心而得有로다

시방의 중생들이 한량이 없고
세계와 허공도 또한 이와 같은데
발심의 한량없음이 저보다 더하니
그러므로 일체 부처님을 능히 출생하도다.

보리심은 십력의 근본이고
또 사무애변과 사무소외의 근본이 되며
십팔불공법도 또한 그러하니
다 발심으로부터 얻지 아니함이 없도다.

모든 부처님의 색상으로 장엄한 몸과
평등하고 미묘한 법신과
지혜로 집착 없이 공양에 응하는 몸이
모두 발심으로써 있게 되었도다.

일체독각성문승
一切獨覺聲聞乘과

색계제선삼매락
色界諸禪三昧樂과

급무색계제삼매
及無色界諸三昧가

실이발심작기본
悉以發心作其本로다

일체인천자재락
一切人天自在樂과

급이제취종종락
及以諸趣種種樂과

진정근력등중락
進定根力等衆樂이

미불개유초발심
靡不皆由初發心이로다

이인발기광대심
以因發起廣大心하야

즉능수행육종도
則能修行六種度하고

권제중생행정행
勸諸衆生行正行하야

어삼계중수안락
於三界中受安樂이로다

일체 독각과 성문승과
색계의 모든 선정 삼매의 즐거움과
무색계의 모든 삼매들이
모두 발심으로써 근본을 삼았도다.

일체 인간과 천신들의 자재한 즐거움과
모든 갈래의 갖가지 즐거움과
정진과 선정과 오근과 오력 등 온갖 즐거움이
다 초발심을 말미암지 않음이 없도다.

넓고 큰 마음을 일으킨 것을 인하여
여섯 가지 바라밀을 능히 수행하고
모든 중생들에게 바른 행을 행하길 권하여
삼계에서 안락을 받게 하도다.

주불무애실의지
住佛無礙實義智에

소유묘업함개천
所有妙業咸開闡하야

능령무량제중생
能令無量諸衆生으로

실단혹업향열반
悉斷惑業向涅槃이로다

지혜광명여정일
智慧光明如淨日이요

중행구족유만월
衆行具足猶滿月이며

공덕상영비거해
功德常盈譬巨海요

무구무애동허공
無垢無礙同虛空이로다

보발무변공덕원
普發無邊功德願하야

실여일체중생락
悉與一切衆生樂하며

진미래제의원행
盡未來際依願行하야

상근수습도중생
常勤修習度衆生이로다

부처님의 걸림 없고 진실한 지혜에 머물러
있는 바 묘한 업을 다 열어 보여서
능히 한량없는 모든 중생들이
미혹과 업을 모두 끊고 열반을 향하게 하도다.

지혜의 광명은 맑은 해와 같고
온갖 행을 구족함은 보름달과 같으며
공덕이 항상 가득함은 큰 바다와 같고
때 없고 걸림 없음은 허공과 같도다.

가없는 공덕 원을 널리 내어서
일체 중생에게 즐거움을 주며
미래제가 다하도록 원행에 의지하여
항상 부지런히 닦아 익혀 중생을 제도하도다.

무량대원난사의
無量大願難思議라

원령중생실청정
願令衆生悉淸淨하니

공무상원무의처
空無相願無依處를

이원력고개명현
以願力故皆明顯이로다

요법자성여허공
了法自性如虛空하야

일체적멸실평등
一切寂滅悉平等이며

법문무수불가설
法門無數不可說을

위중생설무소착
爲衆生說無所著이로다

시방세계제여래
十方世界諸如來가

실공찬탄초발심
悉共讚歎初發心하시니

차신무량덕소엄
此身無量德所嚴으로

능도피안동어불
能到彼岸同於佛이로다

한량없는 큰 원력은 사의하기 어려우니
중생들이 모두 청정하기를 원하고
공과 무상과 무원과 의지처가 없음을
원력으로 다 밝게 나타내도다.

법의 자성이 허공과 같고
일체가 적멸하여 모두 평등함을 알아서
법문이 무수하여 말할 수 없으나
중생을 위해 설하되 집착하는 바가 없도다.

시방세계의 모든 여래께서
모두 함께 초발심을 찬탄하시니
이 몸이 한량없는 덕으로 장엄한 바라
능히 피안에 이르러 부처님과 같으리라.

여중생수이허겁
如衆生數爾許劫에

설기공덕불가진
說其功德不可盡이니

이주여래광대가
以住如來廣大家하야

삼계제법무능유
三界諸法無能諭로다

욕지일체제불법
欲知一切諸佛法인댄

의응속발보리심
宜應速發菩提心이니

차심공덕중최승
此心功德中最勝이라

필득여래무애지
必得如來無礙智니라

중생심행가수지
衆生心行可數知요

국토미진역부연
國土微塵亦復然이며

허공변제사가량
虛空邊際乍可量이어니와

발심공덕무능측
發心功德無能測이로다

중생의 수효와 같은 그러한 겁 동안
그 공덕을 말하여도 다할 수 없으며
여래의 넓고 큰 집에 머무르므로
삼계의 모든 법으로는 비유할 수 없도다.

일체 모든 부처님의 법을 알고자 하면
마땅히 빨리 보리심을 낼지니
이 마음은 공덕 가운데 가장 수승하여
반드시 여래의 걸림 없는 지혜를 얻도다.

중생의 마음의 행을 세어서 알 수 있고
국토의 미진 또한 다시 그러하며
허공의 끝은 잠시 헤아릴 수 있어도
발심한 공덕은 능히 측량하지 못하도다.

출생 삼세 일 체 불
出生三世一切佛하고

성취 세 간 일체 락
成就世間一切樂하며

증장 일 체 승 공 덕
增長一切勝功德하고

영단 일 체 제 의 혹
永斷一切諸疑惑이로다

개 시 일 체 묘 경 계
開示一切妙境界하고

진 제 일 체 제 장 애
盡除一切諸障礙하며

성취 일 체 청 정 찰
成就一切淸淨刹하고

출 생 일 체 여 래 지
出生一切如來智로다

욕 견 시 방 일 체 불
欲見十方一切佛하고

욕 시 무 진 공 덕 장
欲施無盡功德藏하며

욕 멸 중 생 제 고 뇌
欲滅衆生諸苦惱인댄

의 응 속 발 보 리 심
宜應速發菩提心이어다

〈大方廣佛華嚴經 卷第十七〉

삼세의 일체 부처님을 출생하고

세간의 일체 즐거움을 성취하며

일체 수승한 공덕을 증장하여

일체 모든 의혹들을 길이 끊도다.

일체 묘한 경계를 열어 보이고

일체 모든 장애를 다 없애며

일체 청정한 세계를 성취하여

일체 여래 지혜를 출생하도다.

시방의 일체 부처님을 친견하고자 하며

다함없는 공덕장을 베풀고자 하며

중생의 모든 고뇌를 없애려 하면

마땅히 빨리 보리심을 낼지어다.

〈대방광불화엄경 제17권〉

大方廣佛華嚴經 — 부록

• 대방광불화엄경 목차

• 간행사

대방광불화엄경
목차

간 행 사

　귀의삼보 하옵고,

『대방광불화엄경』의 수지 독송과 유통을 발원하면서 수미정사 불전연구원에서『독송본 한문·한글역 대방광불화엄경』과『사경본 한글역 대방광불화엄경』을 편찬하여 간행하게 되었습니다.

　『화엄경』은 우리나라에 전래된 이래 일찍부터 사경되고 주석·강설되어 왔으며 근현대에 이르러서는『화엄경』의 한글 번역과 연구도 부쩍 많이 이루어졌습니다. 그만큼『화엄경』이 우리 불자님들의 신행과 해탈에 큰 의지처가 되었던 것임을 알 수 있습니다.

　『화엄경』을 독송하고 사경하는 공덕은 설법 공덕과 함께 크게 강조되어 왔습니다. 그리하여 수미정사 불전연구원에서도『화엄경』(80권)을 독송하고 사경하는 데 도움이 되도록 한문 원문과 한글역을 함께 수록한 독송본과 한글역의 사경본『화엄경』 간행불사를 발원하였습니다. 이『화엄경』 간행불사에 뜻을 같이하여 적극 후원해주신 스님들과 재가 불자님들께 깊이 감사드립니다. 또한『화엄경』을 수지 독송할 수 있도록 경책의 모습으로 장엄해 주신 편집위원들과 담앤북스 출판사 관계자들께도 고마움을 표합니다.

　끝으로 이 불사의 원만 회향으로『화엄경』이 널리 유통되고, 온 법계에 부처님의 가피가 충만하시길 기원드립니다.

　나무 대방광불화엄경

불기 2564년 '부처님오신날'을 봉축하며
수미해주 합장

위태천신(동진보살)

수미해주 須彌海住

동국대학교 명예교수
중앙승가대학교 법인이사
대한불교조계종 수미정사 주지

독송본 한문·한글역

대방광불화엄경 제17권

| 초판 1쇄 발행_ 2021년 8월 24일

| 엮은이_ 수미해주
| 엮은곳_ 수미정사 불전연구원
| 편집위원_ 해주 수정 경진 선초 정천 석도 박보람 최원섭
| 편집보_ 무이 무진 지욱 김지예

| 펴낸이_ 오세룡
| 펴낸곳_ 담앤북스
　　　　서울특별시 종로구 새문안로3길 23 경희궁의 아침 4단지 805호
　　　　대표전화 02)765-1251　전자우편 damnbooks@hanmail.net
　　　　출판등록 제300-2011-115호
| ISBN_ 979-11-6201-317-5　04220

정가 15,000원
ⓒ 수미해주 2021